Die KUNST des Zeichnens FÜR KINDER

Ich zeichne Dinosaurier

How2DrawAnimals

Die englische Originalausgabe erschien erstmalig 2022
unter dem Titel Let's Draw Dinosaurs bei Walter Foster Jr.

First published in 2022 by Walter Foster Jr., an imprint of The Quarto Group.
100 Cummings Center, Suite 265D, Beverly, MA 01915, USA.
T (978) 282-9590 F (978) 283-2742 www.quarto.com • www.walterfoster.com

für die deutsche Ausgabe
Übersetzung: Birgit van der Avoort, Havixbeck
Produktmanagement und Lektorat: Nele Schlötzer, Julia Pietsch
Covergestaltung: Lena Schmitt
Herstellung und Satz: Sophia Höpfner

1. Auflage 2024

ISBN 978-3-7358-9166-2 • Best.-Nr. 29166

Gedruckt in China

MIX
Papier | Fördert gute Waldnutzung
FSC® C016973

Penguin Random House Verlagsgruppe
FSC® N001967

INHALTSVERZEICHNIS

Zeichenmaterial 4

Zeichengrundkurs 5

Gallimimus 8

Brachiosaurus 12

Mosasaurus 16

Iguanodon 20

Pteranodon 24

Stegosaurus 28

Triceratops 32

Spinosaurus 36

Velociraptor 40

Tyrannosaurus Rex 44

Über den Autor 48

ZEICHENMATERIAL

Herzlich willkommen! Du brauchst nicht viel, um mit dem Zeichnen zu beginnen. Es reichen schon Bleistift und Papier, aber wenn du dich ernsthafter mit der Kunst beschäftigen willst, findest du viele zusätzliche Zeichenmaterialien.

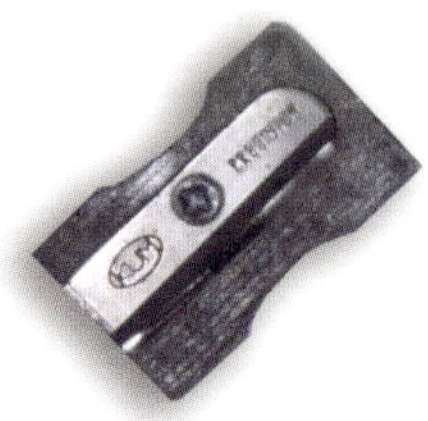

PAPIER Bei Druckerpapier wähle am besten ein hochwertiges Papier, das dick genug und hell ist. Skizzenblöcke sind praktisch, dann hast du alle Zeichnungen an einem Ort. Für detailliertere Zeichnungen ist ein feines Kunstdruckpapier ideal.

BLEISTIFTE HB-Bleistifte und Druckbleistifte sind für den Anfang gut geeignet und preiswert. Bleistifte in unterschiedlichen Härtegraden können beim Schraffieren nützlich sein, da du mit einem Härtegrad (wie 4H, 2B oder HB) jeweils nur einen bestimmten Grauton erzielst.

SPITZER Elektrische Spitzer sind schneller als manuelle Spitzer, aber damit nutzen sich Bleistifte schneller ab. Sinnvoll ist ein automatischer Spitzer für preiswerte Bleistifte und ein Handspitzer für teure Stifte.

RADIERER Einige Radierer schmieren, verbiegen sich oder reißen sogar dein Zeichenpapier auf, also arbeite mit einem guten Radierer, der sauber radiert und nicht schmiert. Geknetete Radierer sind formbar und radieren äußerst präzise. Sie hinterlassen keine Rückstände und sind lange haltbar.

FINELINER
Wenn du nach dem Skizzieren die Konturen nachziehen willst, verwende am besten einen normalen Fineliner. Für sehr feine Zeichnungen sind Micron®-Stifte gut geeignet, die in vielen Spitzendicken erhältlich sind.

ZEICHENGRUNDKURS

Formen zeichnen

Für jede Katze in diesem Buch zeichnest du zuerst Grundformen als Hilfslinien. Setze lockere, zarte Striche und drücke mit dem Bleistift nicht zu fest auf. Bei feinen Skizzen lassen sich Fehler einfacher ausradieren.

Du wirst in diesem Buch viele Kreise zeichnen, was dir anfangs vielleicht schwerfällt. Die Kreise müssen nicht perfekt sein, denn sie sind nur Hilfslinien, aber wenn du üben möchtest, probiere die folgende Vier-Strich-Methode aus.

1

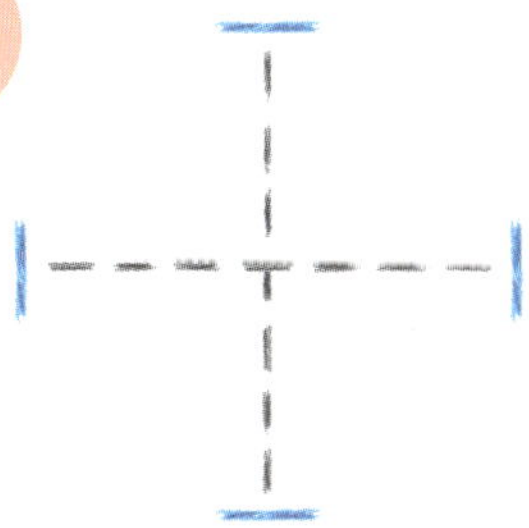

Markiere mit einem Strich den oberen Kreisrand und setze direkt darunter einen weiteren Strich für den unteren Rand. Mache dasselbe an den Seiten des Kreises. Du kannst zusätzlich zwei gestrichelte Linien zeichnen, um die Striche einfacher zu positionieren.

2

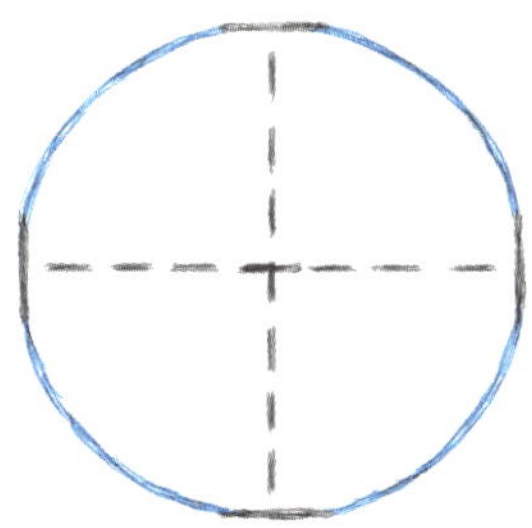

Sobald du vier Striche im gleichen Abstand gesetzt hast, verbinde sie zum Kreis.

3

Radiere alle gestrichelten Linien aus, und fertig ist dein Kreis!

WEITERE FORMEN Kreise sind für die meisten Leute schwierig zu zeichnen, aber es gibt weitere Linien und Formen, die du üben und beherrschen solltest. Aus einem Bogen wird eine Schnauze oder Zunge. Dreiecke können Ohren, Zähne oder Krallen sein. Ein Football wird zum Auge. Eine gebogene Linie kann ein Schwanz sein und eine abgewinkelte Linie ein Bein. Schau dir das Tier genau an und achte auf auffällige Formen.

Schraffuren

Der letzte Schritt beim Zeichnen eines Tieres sind die Schraffuren, die das Tier dreidimensional wirken lassen. Mit Strukturen kannst du auch Fell, Federn, Schuppen oder eine glatte Haut gestalten. Beim Schraffieren solltest du möglichst folgende Schritte beachten.

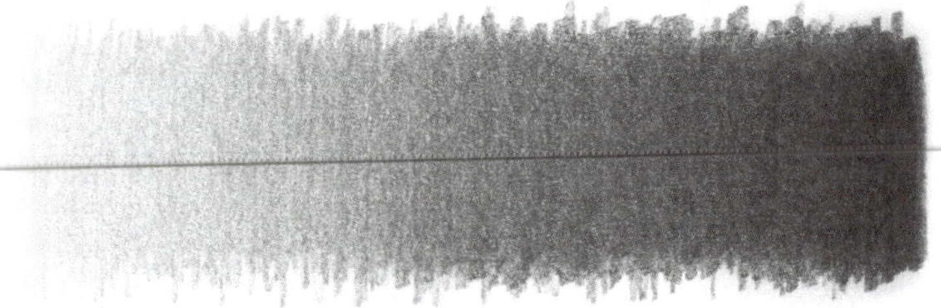

1

GRAUTÖNE MIT DEM BLEISTIFT ZEICHNEN
Arbeite mit einem beliebigen Bleistift und beginne auf einer Seite mit zarten Strichen, die im Verlauf immer kräftiger und dunkler werden. Dieser Verlauf von Grautönen zeigt, wie du mit dem Bleistift von Hell nach Dunkel arbeiten kannst.

2

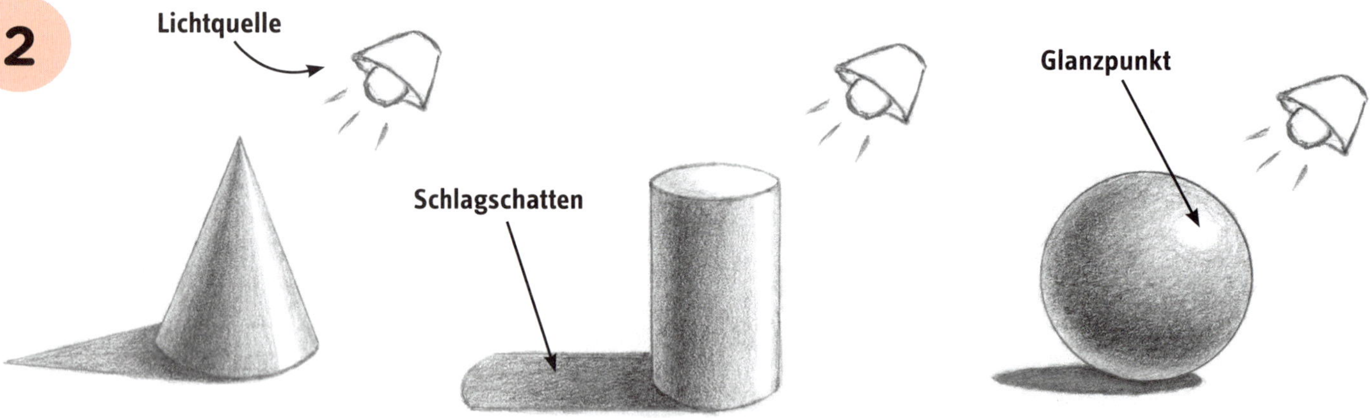

GRAUTÖNE AUF EINFACHE FORMEN ÜBERTRAGEN Zeichne einfache Formen und schraffiere sie, damit sie dreidimensional wirken. Schau dir echte Schatten an. Untersuche, wie das Licht auf einfache Gegenstände fällt und Schatten erzeugt. Versuche anschließend zu zeichnen, was du siehst.

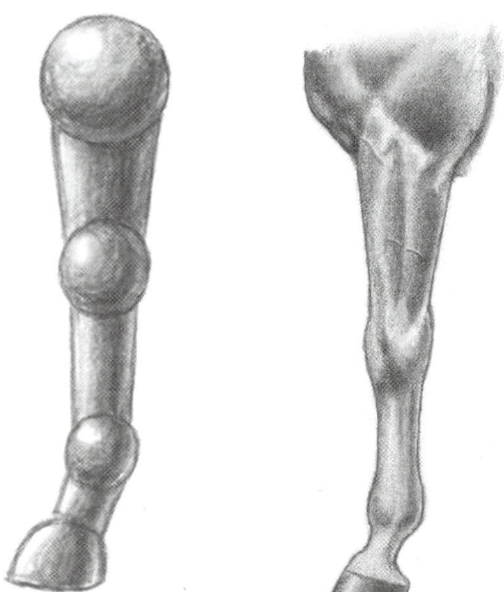

3

KOMPLEXE MOTIVE SCHRAFFIEREN Sobald du einfache Gegenstände schraffieren kannst, probiere die Technik bei komplexeren Motiven aus. Siehst du, dass ein Pferdebein aus Zylindern und Kugeln besteht? Wenn du ein Motiv in einfache Formen zerlegst, kannst du dir den Schatteneinfall besser vorstellen.

Strukturen und Muster

Nachdem du Schraffuren kennengelernt hast, kannst du im nächsten Schritt deinen Zeichnungen Strukturen und Muster hinzufügen.

Fell

Mit einem schnellen Bleistiftstrich zeichnest du ein einzelnes Haar. Füge weitere schnelle, kurze Striche hinzu und du erhältst eine Fellstruktur. Lasse ein klein wenig Abstand zwischen den einzelnen Strichen, damit das Weiß des Papiers noch durchscheint.

Gestalte Streifen und Muster, indem du fester oder weniger fest mit dem Bleistift auf das Papier drückst. So entstehen unterschiedliche Grautöne.

Achte darauf, dass deine Striche den Formen des Tieres folgen. Wenn du ein Tier mit Fell schraffierst, sollten deine Striche der Richtung des Fellwuchses folgen. Das Fell folgt hier der Form einer Kugel.

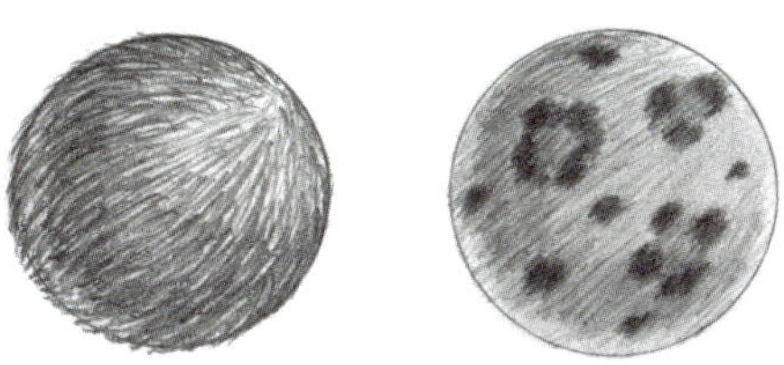

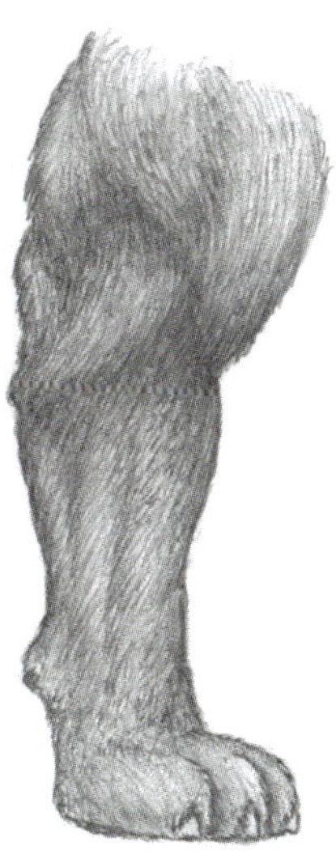

Auf diese Weise kannst du ein Fell auf eine komplexe Form zeichnen. Das gelingt dir leichter, wenn du den Körperbau des Tieres kennst. Um Muskeln zu zeigen, sind hier das Vorderbein und die Pfote eines Löwen übertrieben dargestellt.

Glatte Struktur

Drücke bei sehr kurzem Fell oder glatter Haut mit dem Bleistift gleichmäßig auf. Mit einem Wattestäbchen, Papierwischer oder Papiertuch kannst du Übergänge verblenden.

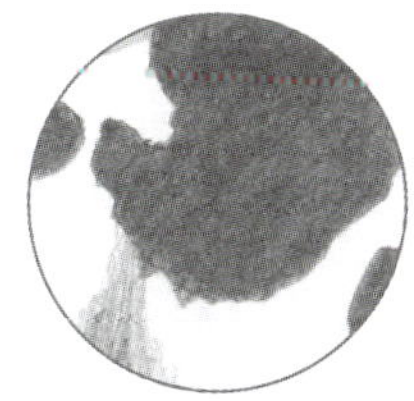

Schuppen

Für Schuppentiere wie Reptilien oder Drachen zeichne jede Schuppe mit einem kleinen Bogen. Schraffiere sie, damit sie dreidimensional wirkt.

Noch einfacher gelingt Schuppenhaut mit vielen kleinen Kringeln. Zeichne dunkle Kringel für bestimmte Stellen mit Muster sowie für Schatten.

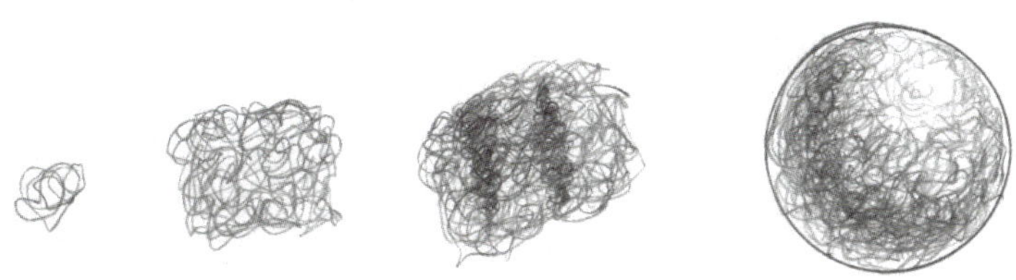

FEDERN Wenn du Strukturen bei einem gefiederten Tier ergänzen möchtest, kannst du dieselbe Technik wie bei Fell oder glatten Strukturen anwenden. Zeichne mit kurzen Strichen feine oder flauschige Federn. Für glatte Federn verwendest du gleichmäßige, ineinander übergehende Grautöne.

GALLIMIMUS

1

Skizziere zwei zarte Kreise auf dem Papier und setze einen Bogen an den größeren Kreis. Die Grundformen helfen dir, den Kopf und den Körper zu zeichnen, achte also auf die Größe und Position der einzelnen Formen.

2

Zeichne geschwungene Linien als Hilfslinien für den Hals und den Schwanz. Ergänze rechts vom Kopfkreis zwei Bogen für die Schnauze.

3

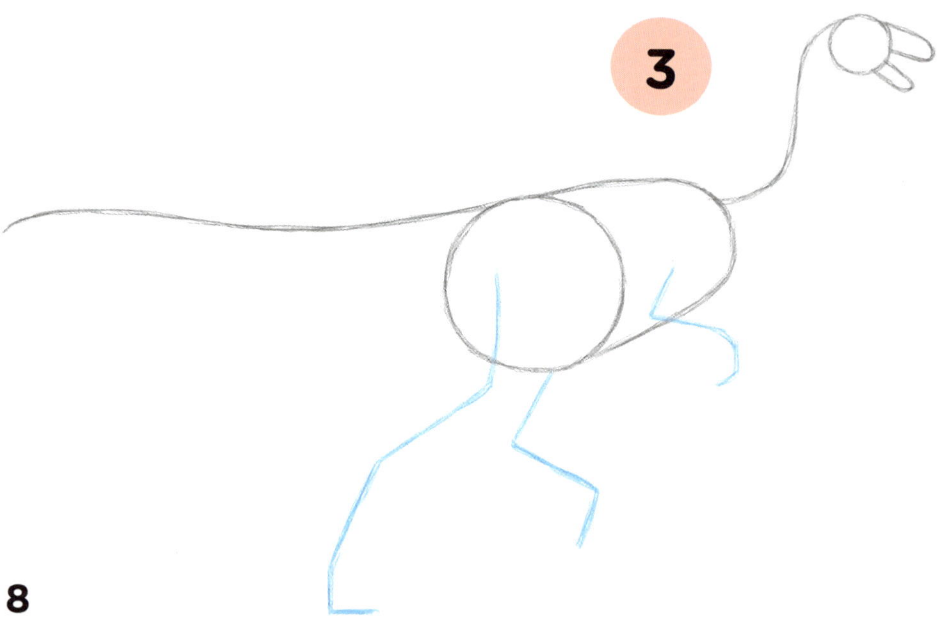

Füge Hilfslinien für die Beine hinzu. Diese sollten abgewinkelt sein, um Gelenke und die Beugung der Beine anzudeuten. Zeichne eine weitere Hilfslinie für einen Arm.

4

Skizziere ein kleines Oval für das Auge und füge eine dunkle Pupille und einen kleineren weißen Kreis als Glanzpunkt hinzu. Zeichne unter und über dem Auge eine kleine, geschwungene Linie. Ergänze dann den oberen Teil des Mauls und mehrere Linien für die Nasenlöcher.

5

Vervollständige das Maul, das unter dem Auge enden sollte. Zeichne in den Mundwinkel eine kurze Linie für die Haut, die die Kiefer verbindet. Zeichne den Rest von Kopf und Hals, einschließlich der Wölbung über dem Auge, und ergänze einige Linien für Gesichtsdetails.

6

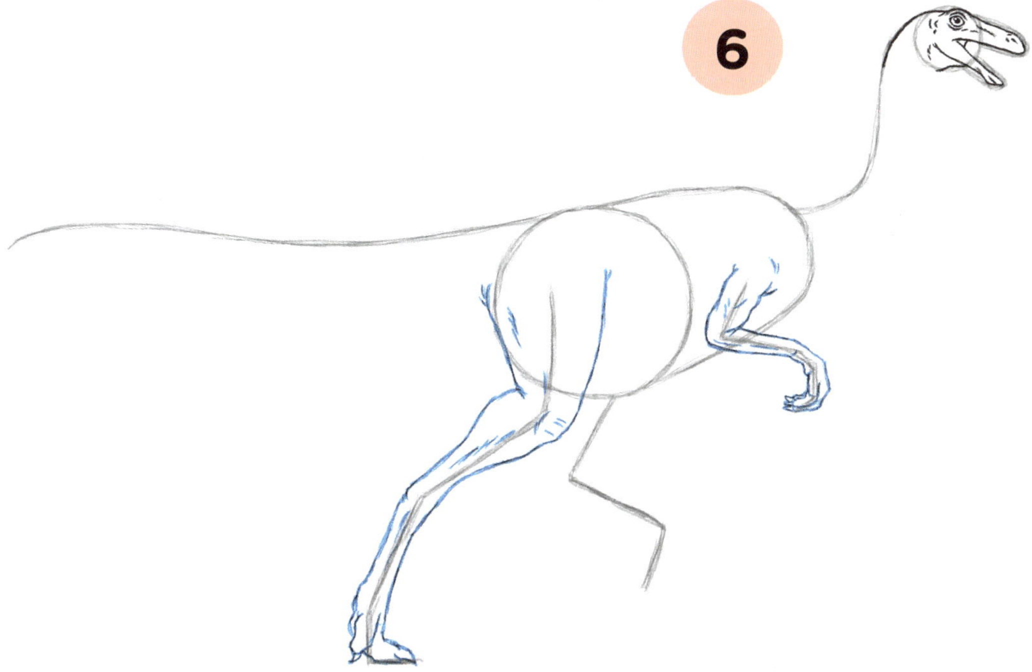

Zeichne das erste Hinterbein und den Arm. Es gibt viele Details bei den Muskeln, den Falten, der Hautstruktur sowie den Füßen, den Zehen und den Krallen, also schau dir diese Vorlage genau an.

7

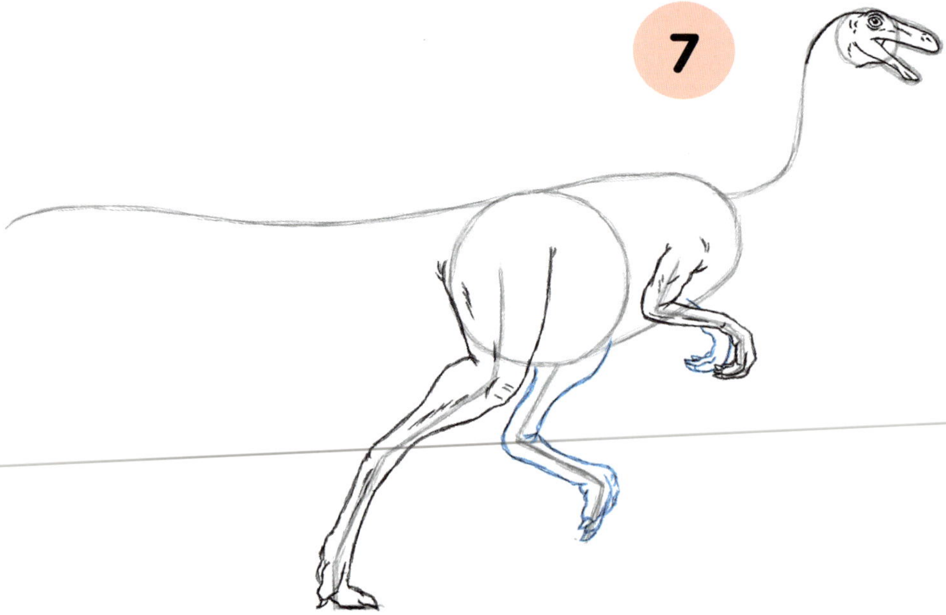

Zeichne nun die Gliedmaßen auf der anderen Körperseite. Das Hinterbein ist angehoben und tritt nach vorne.

8

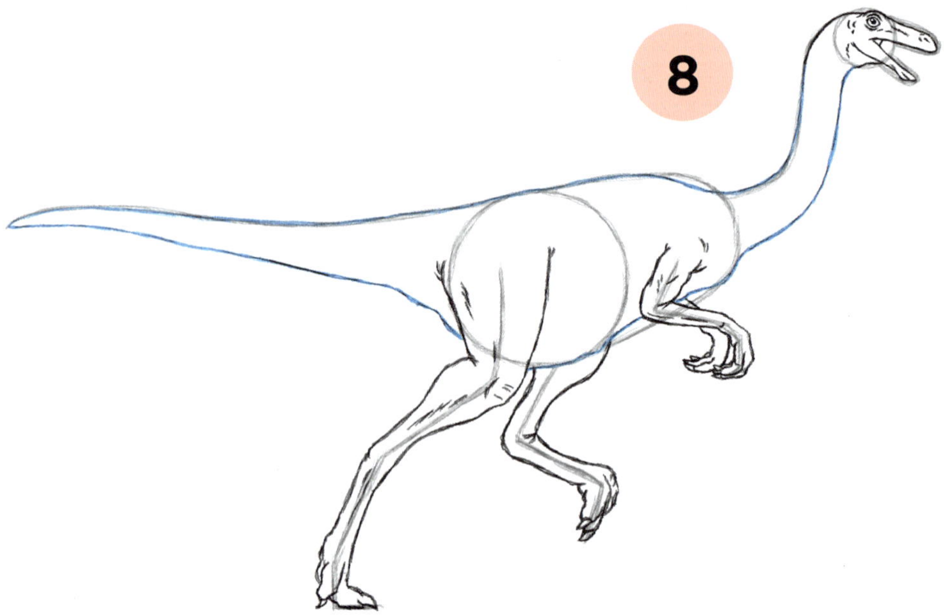

Vervollständige anhand der ersten Hilfslinien den Körper.

9

Radiere die Hilfslinien so gut es geht aus, damit die Zeichnung klarer wirkt. Zeichne alle endgültigen Linien neu, die du versehentlich ausradiert hast.

10

Ergänze Schraffuren sowie den Schlagschatten auf dem Boden, schließlich soll der Dinosaurier nicht in der Luft schweben. Arbeite die Hautstruktur mit groben Schraffuren aus. Setze die Bleistiftstriche nicht zu dicht, damit das Weiß des Papiers durchscheint. Zeichne für das Muster dreieckige Formen auf die Oberseite des Körpers und arbeite die Streifen in Dunkelgrau aus. Du kannst auch ein anderes Muster wählen oder Federn einzeichnen, denn vermutlich hatte der Gallimimus Federn!

LICHT & SCHATTEN Damit eine zweidimensionale Zeichnung dreidimensional wirkt, musst du die Position der Lichtquelle festlegen und die Stellen schraffieren, die auch in Wirklichkeit als Schatten erscheinen. Verändere für helle und dunkle Grautöne den Druck auf den Bleistift. Schraffiere zuerst nur ganz leicht und werde dann allmählich immer dunkler, bis dir der Ton gefällt. Drücke den Bleistift nicht zu fest auf, sonst glänzt das Graphit und das Papier reißt. Gutes Schraffieren erfordert etwas Zeit und Übung, also schaue dir zunächst deine Vorlage (in diesem Fall Schritt 10) genau an und übertrage das, was du siehst. Achte darauf, wo die Schattenbereiche sind.

BRACHIOSAURUS

1

Skizziere drei zarte Kreise für Körper und Kopf. Die Kreise müssen nicht perfekt sein, aber achte darauf, dass Größe und Position einigermaßen stimmen. Je weiter oben der kleine Kopfkreis liegt, desto länger wird der Hals.

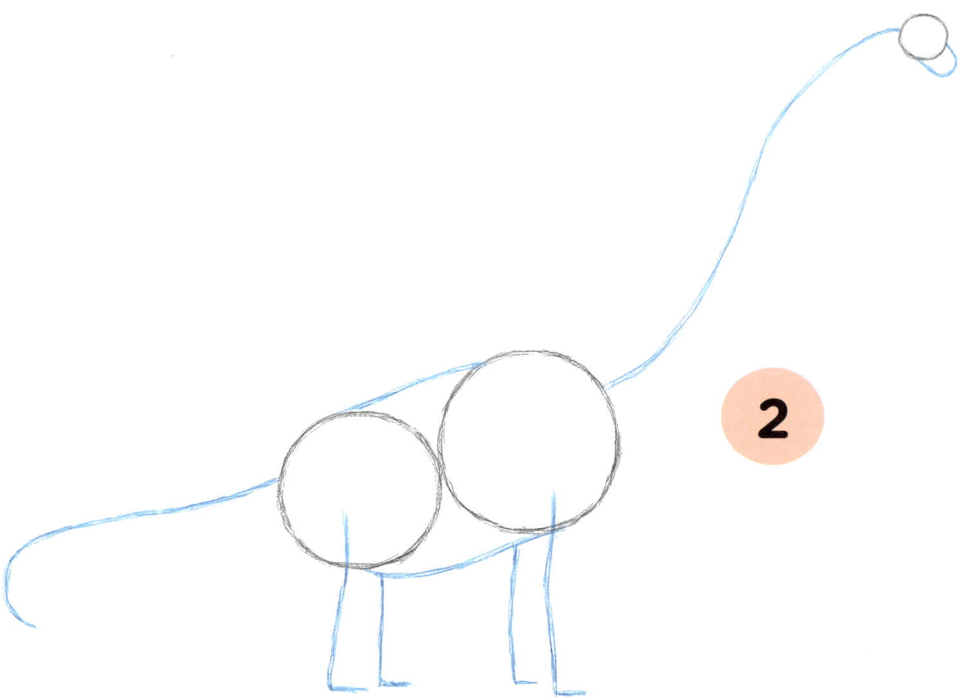

2

Verbinde die Körperkreise und zeichne vier Beine, den langen Schwanz und den langen Hals. Setze für die Schnauze einen kleinen u-förmigen Bogen an den Kopf.

3

Zeichne das Auge und einige Linien rund um das Auge für Details. Falls der Kopf für Details zu klein ist, zeichne einen Punkt als Auge. Gestalte die Schnauze anhand des Bogens und füge eine gewellte Linie für den Mund hinzu.

4

Stelle den Kopf fertig. Zeichne oben eine Wölbung für den vorstehenden Knochen. Ergänze Linien für die Textur der Haut sowie den Kiefer und das Nasenloch.

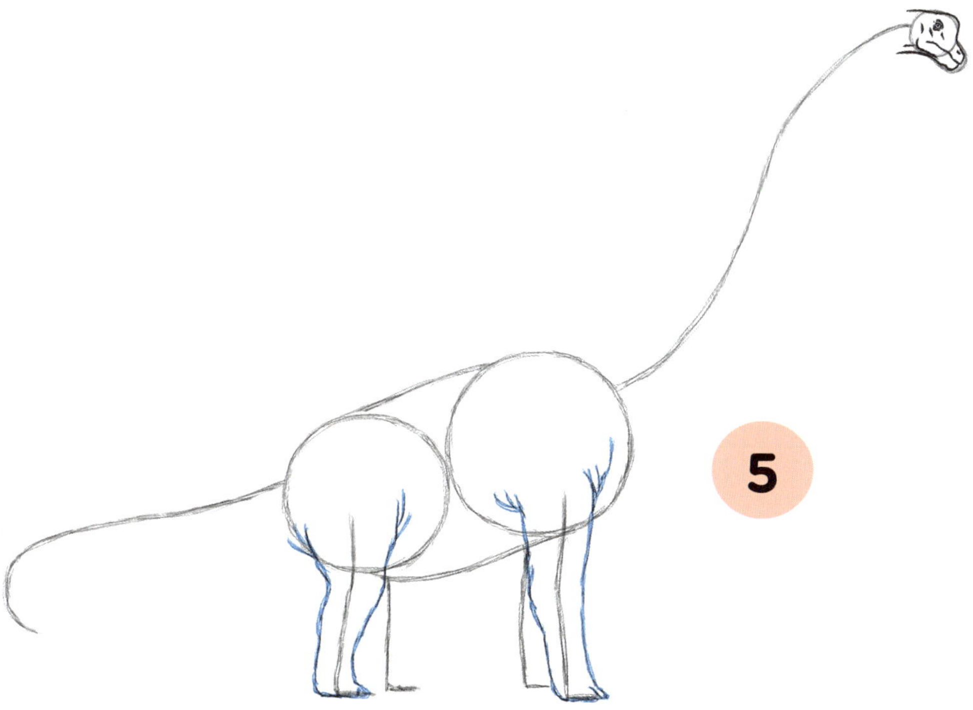

5

Zeichne die ersten beiden Beine. Skizziere die Form jedes Beins, indem du der Hilfslinie folgst. Setze unten kleine Linien für die Zehen und oben einige Linien für die Hautfalten.

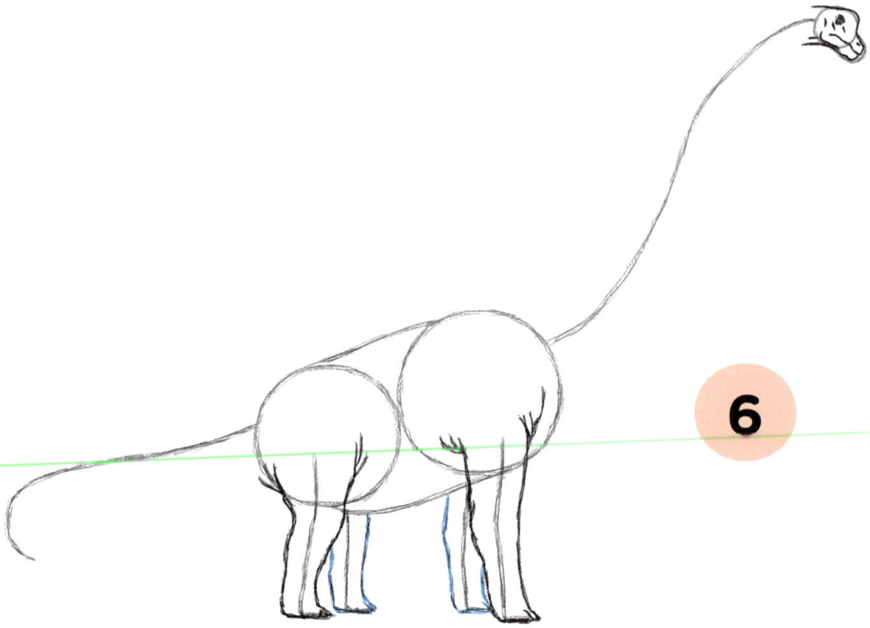

6

Arbeite die Beine auf der anderen Körperseite aus. Orientiere dich dabei an den Beinen aus Schritt 5.

7

Gestalte den Hals durch zwei parallele Linien links und rechts von der Halshilfslinie.

8

Nutze die Hilfslinien, um den Rest des Körpers mit Schwanz zu zeichnen. Der Schwanz des Brachiosaurus war muskulös. Arbeite den Ansatz deshalb breiter aus.

Radiere möglichst alle Hilfslinien aus, damit die Zeichnung klarer wirkt. Zeichne anschließend alle Skizzenlinien nach, die du versehentlich ausradiert hast.

9

Mit Schraffuren kannst du den Dinosaurier noch ausdrucksvoller gestalten. Achte auf den Schlagschatten am Boden. Die Schraffuren am Korper müssen nicht alle gleichmäßig sein. Wir wissen nicht genau, wie Dinosaurier aussahen, also kannst du ihn nach Belieben schraffieren.

10

MOSASAURUS

1

Der Mosasaurus ist eigentlich ein ausgestorbenes Reptil und kein Dinosaurier! Aber er lebte mit den Dinosauriern in der späten Kreidezeit. Zeichne drei zarte Kreise auf das Papier. Achte auf die Größe der Kreise und den Abstand dazwischen.

2

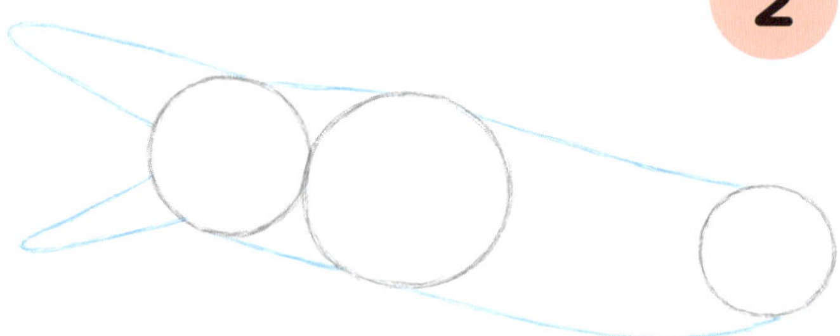

Zeichne links zwei Bogen für das Maul. Verbinde dann den Kopf und die Körperkreise.

3

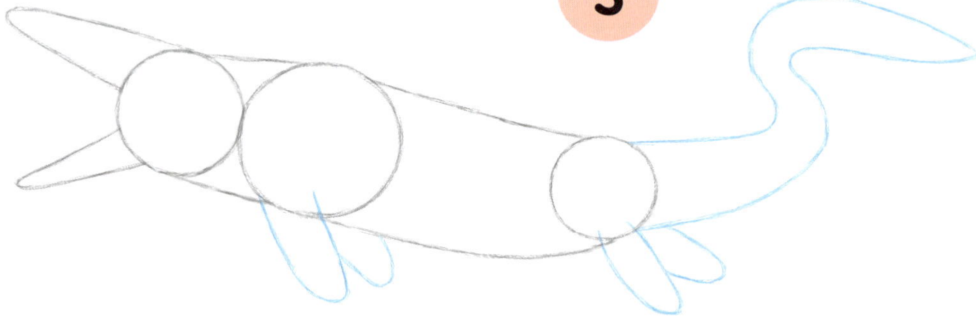

Setze mit Bogen vier Flossen unter die beiden Körperkreise. Vervollständige dann deine Grundformen mit zwei gebogenen Linien für den Schwanz.

HILFSLINIEN Zeichne die Hilfslinien möglichst zart. Die Kreise müssen nicht perfekt sein. Die Hilfslinien kannst du später ausradieren. Also achte nicht auf den perfekten Kreis, sondern konzentriere dich lieber auf seine Größe und Position im Verhältnis zu den anderen Formen.

4

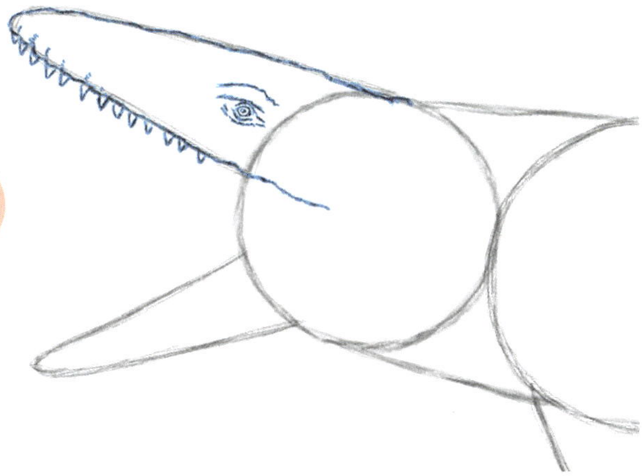

Füge nun die Details hinzu. Zeichne zuerst das Auge und einige Linien rund um das Auge. Arbeite den Kopf mit einer unebenen Linie aus, um die Hautstruktur anzudeuten. Zeichne die Zähne als eine Reihe von „V"s.

5

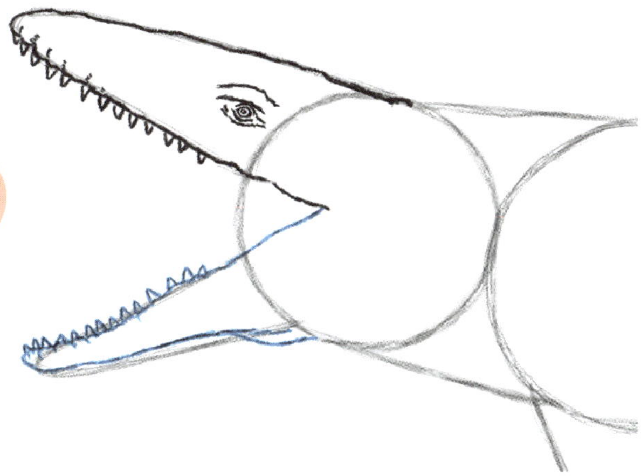

Zeichne den Unterkiefer und einige Zähne. Lasse zwischen jedem Zahn etwas Platz.

6

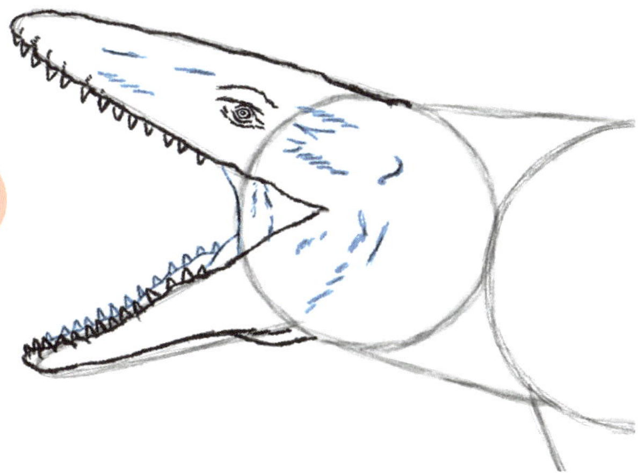

Ergänze die andere Seite des Unterkiefers sowie die Linien zwischen Ober- und Unterkiefer. Gestalte den Kopf mit weiteren Linien, um der Haut Struktur zu geben, aber übertreibe es nicht – sonst sieht es wie ein Fell aus.

7

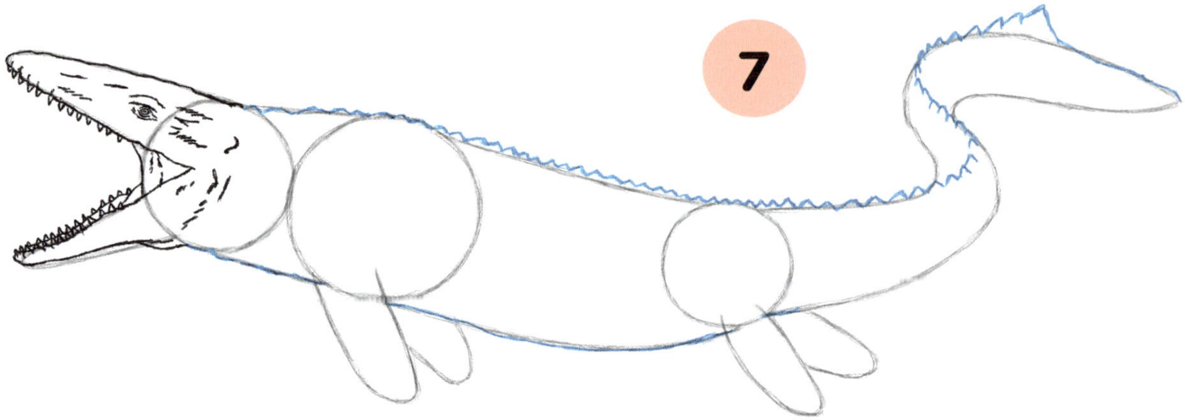

Zeichne gezackte Stacheln auf den Rücken und den Schwanz, dabei sollte ein Teil des Schwanzes glatt bleiben. Ziehe die untere Hilfslinie dunkel nach, um den Bauch des Mosasaurus auszuarbeiten.

8

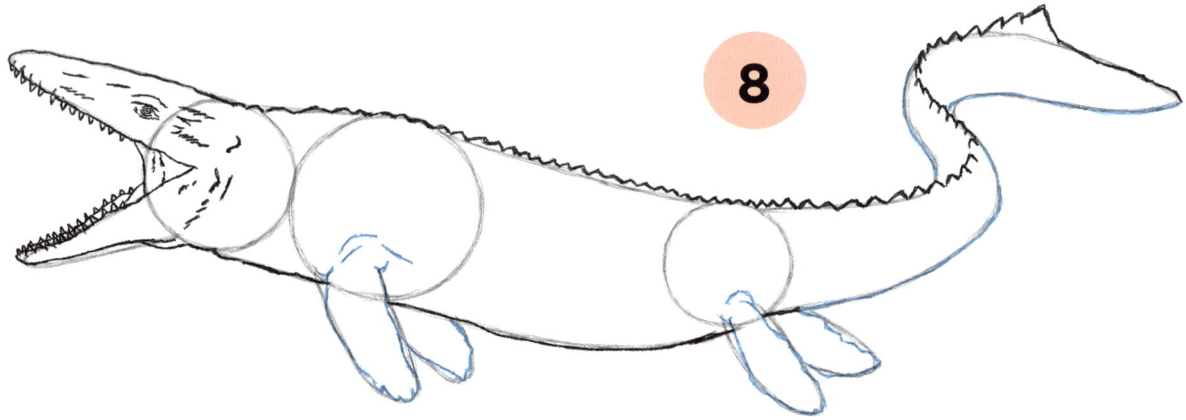

Nutze die u-förmigen Hilfslinien unter dem Körper, um die Flossen zu zeichnen. Diese sollten leicht wellig sein. Ergänze einige gebogene Linien am Flossenansatz, um Hautfalten anzudeuten. Ziehe die Unterseite von Körper und Schwanz dunkel nach.

9

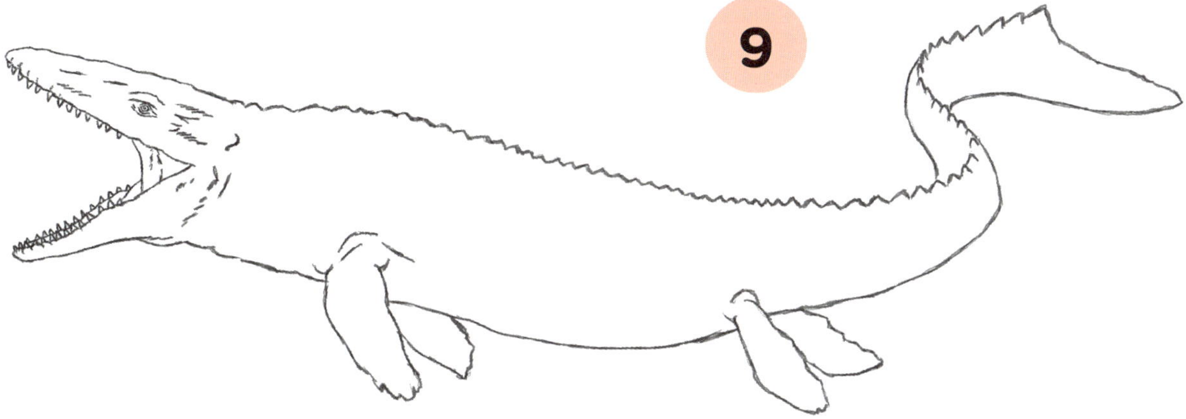

Radiere alle Hilfslinien aus und zeichne die Linien neu, die du korrigieren möchtest.

10

Verwende einen Stift mittleren Härtegrads für den gesamten Körper und schraffiere nicht zu fein. Die grobe Schraffur lässt die Haut rauer aussehen. Nutze Dunkelgrau für die Details, zum Beispiel rund um die Augen. Mit einem helleren Grau gestaltest du Glanzflächen ums Auge und auf dem Körper. Ergänze mit kleinen Dreiecken weitere Stacheln auf dem Körper. Schattiere die Körperunterseite dunkelgrau.

IGUANODON

1

Skizziere drei zarte Kreise für den Körper und den Kopf. Setze die Kreise nicht zu weit auseinander, sonst wird der Iguanodon zu lang.

2

Zeichne rechts vom Kopfkreis einen Bogen als Hilfslinie für das Maul. Verbinde dann die Kreise für Kopf und Körper und füge eine Linie für den Schwanz hinzu.

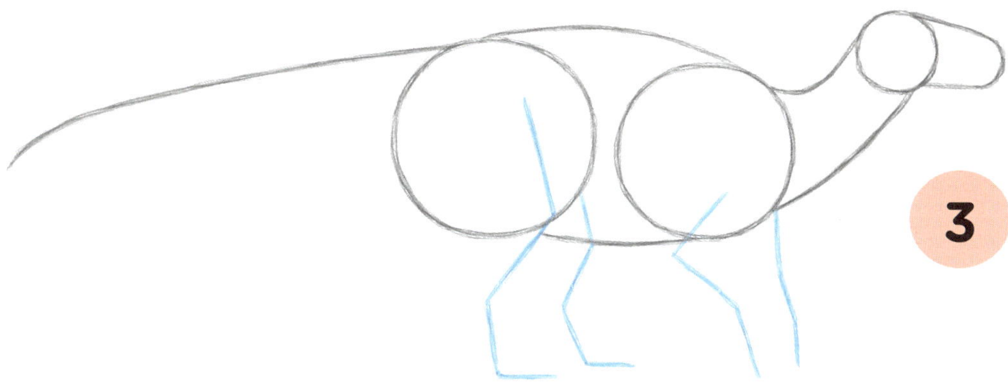

3

Setze vier abgewinkelte Hilfslinien als Beine unter den Körper. Achte darauf, wie jede Linie abknickt, denn das werden die Gelenke.

4

Zeichne zuerst das Auge und die dicke Braue darüber. Gestalte dann die Mundpartie und das Nasenloch.

5

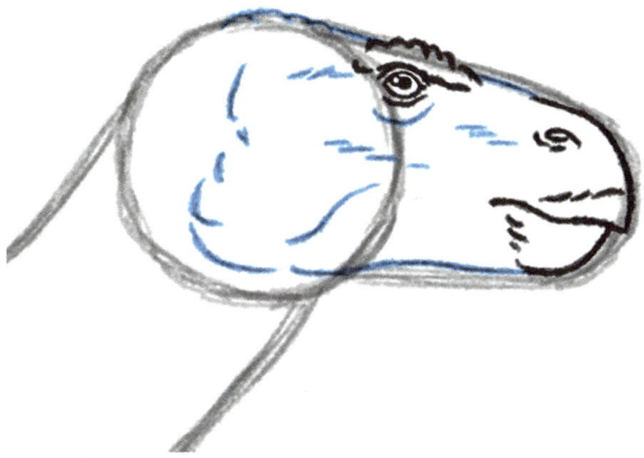

Zeichne nun die Kopfform fertig. An der Oberseite zeigen kurze, geschwungene Linien die unebene Hautstruktur. Ergänze mit weiteren Linien Struktur und Details am Kopf.

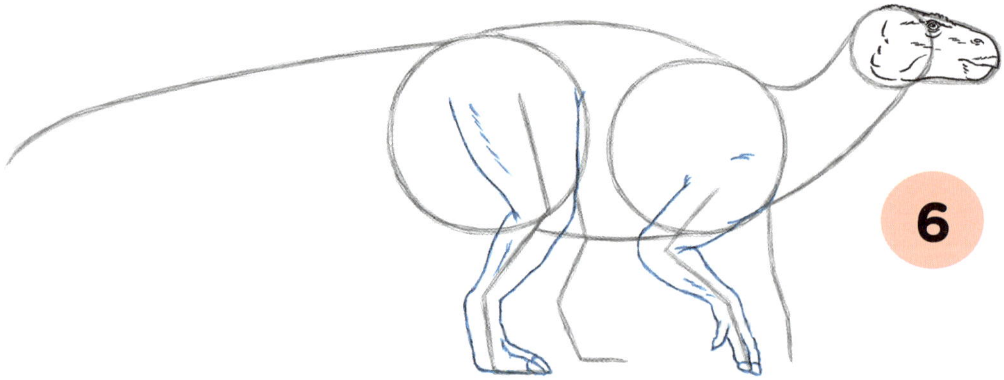

6

Zeichne die ersten beiden Gliedmaßen, indem du den Hilfslinien folgst. Die Biegungen sind die Gelenke. Das Hinterbein sollte oben breiter sein als unten. Mit kurzen gebogenen Linien betonst du die Muskeln.

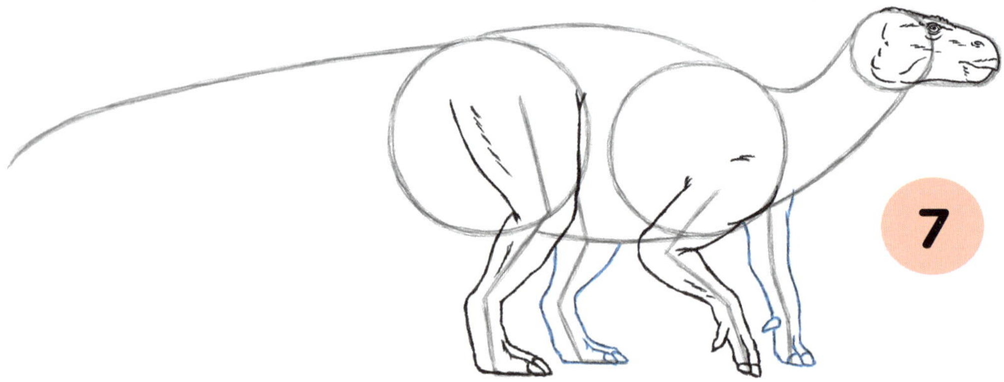

7

Orientiere dich an den ersten beiden Gliedmaßen, wenn du die übrigen Gliedmaßen auf der anderen Körperseite zeichnest. Achte auf den markanten spitzen Daumendorn, der typisch für diesen Dinosaurier ist.

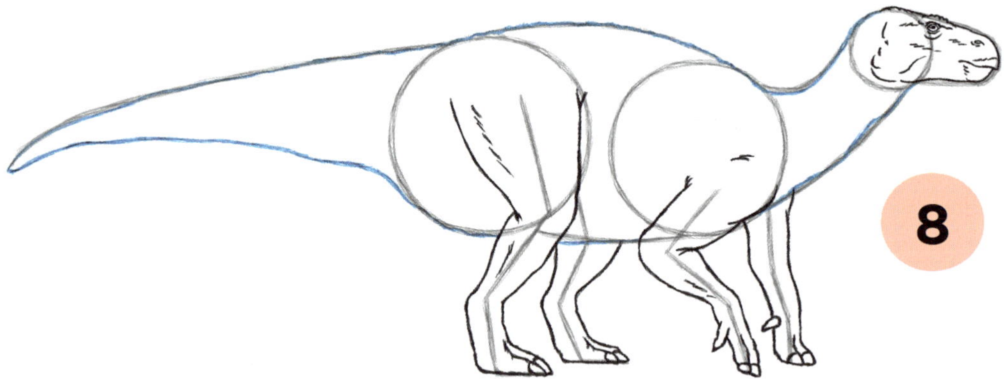

8

Ziehe für die Körperform die Außenränder der Hilfslinien dunkel nach. Gewellte oder unebene Linien wirken natürlicher. Zeichne den unteren Teil des Schwanzes. Er sollte nicht das Hinterbein verdecken.

9

Radiere unnötige Hilfslinien aus, bevor du mit dem Schraffieren beginnst.

10

Zeichne zunächst die Schatten am Körper und den Schlagschatten am Boden. Gestalte den Körper in Mittelgrau und das schnabelartige Maul und die Krallen in Dunkelgrau aus. Lass weiße Bereich als Glanzflächen frei. Mit Dunkelgrau zeichnest du spitze Formen für das gestreifte Muster auf den Körper. Ergänze hier und da ein paar kritzlige Linien auf dem Körper, um der Haut eine raue Struktur zu geben.

PTERANODON

1

Wie der Mosasaurus (siehe Seite 16) war auch das Pteranodon kein Dinosaurier. Es war ein fliegendes Reptil, das in der späten Kreidezeit mit den Dinosauriern lebte. Zeichne zunächst zarte Grundformen.

2

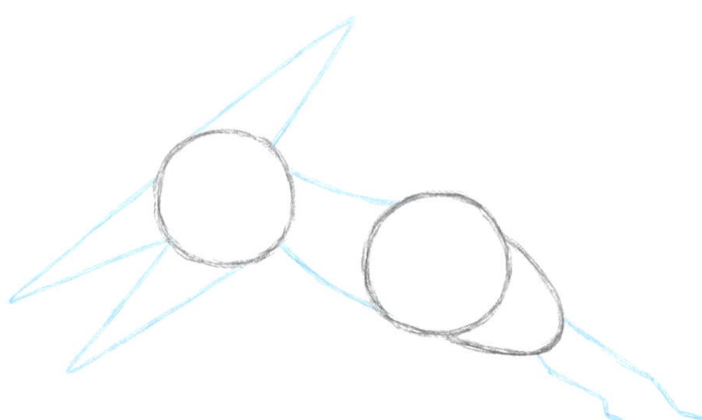

Zeichne drei Dreiecke an den Kopfkreis. Verbinde den Kopf mit dem Körper und ergänze zwei Hilfslinien für die Beine.

3

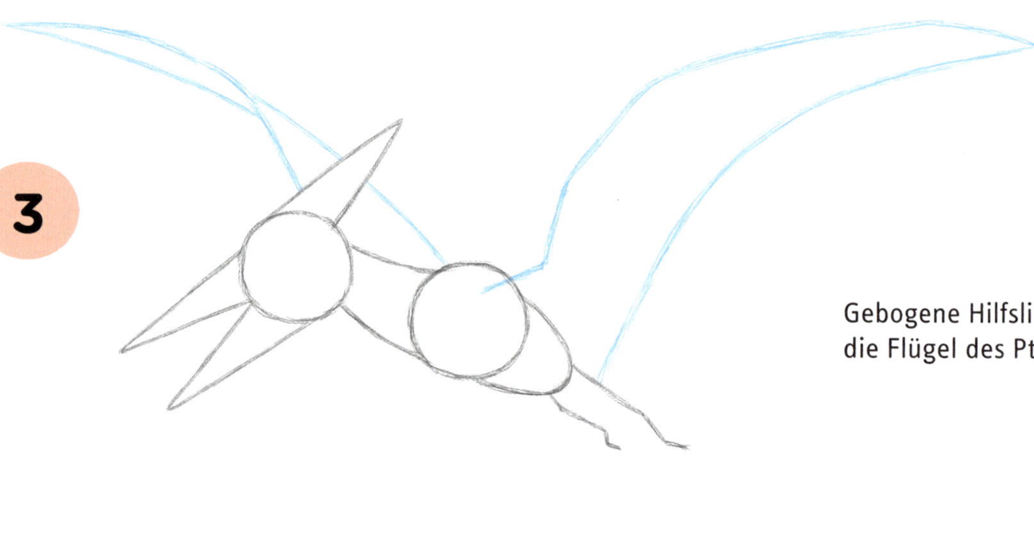

Gebogene Hilfslinien werden die Flügel des Pteranodons.

4

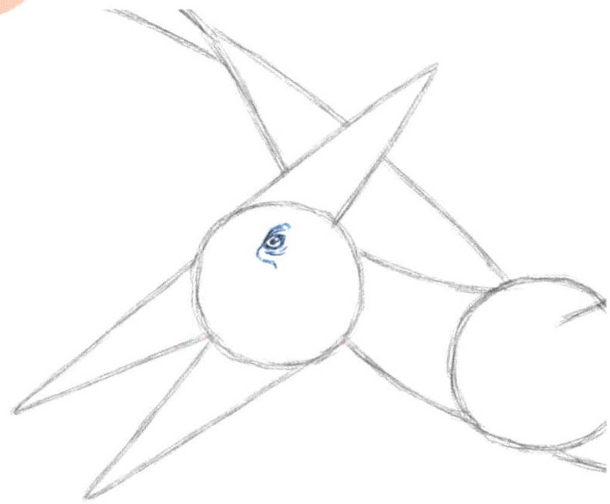

Zeichne das Auge sowie rundherum einige Linien für Details.

5

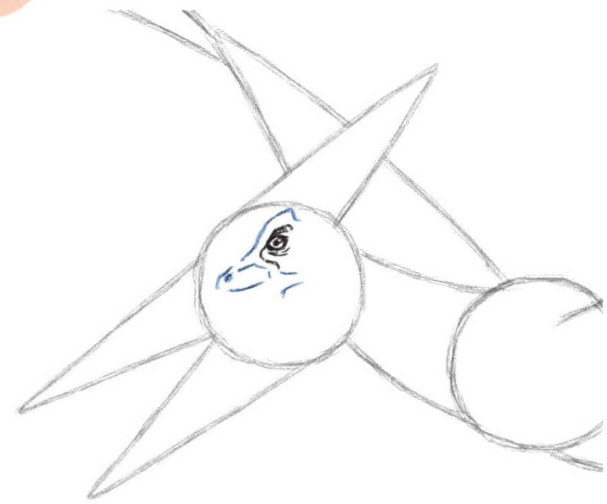

Noch mehr geschwungene Linien rund um das Auge deuten die Schädelstruktur an. Zeichne links das Nasenloch.

6

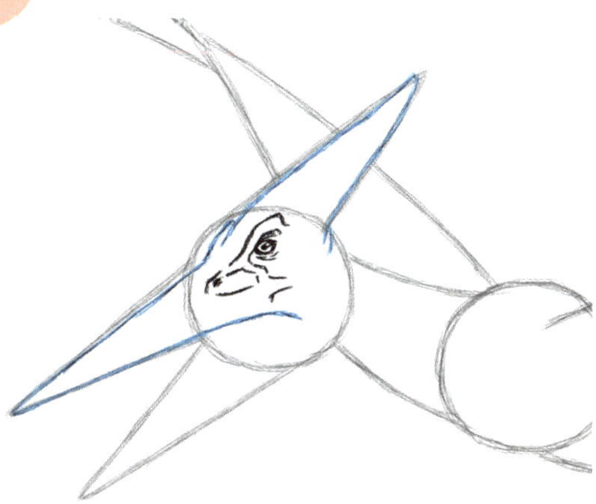

Für den Kamm ziehe das Dreieck auf dem Kopf dunkel nach. Zeichne dann den oberen Teil des Schnabels und deute den Brauenbogen auf der anderen Kopfseite an. Der Bogen liegt innerhalb des Kopfkreises und ist mit dem Schnabel verbunden.

7

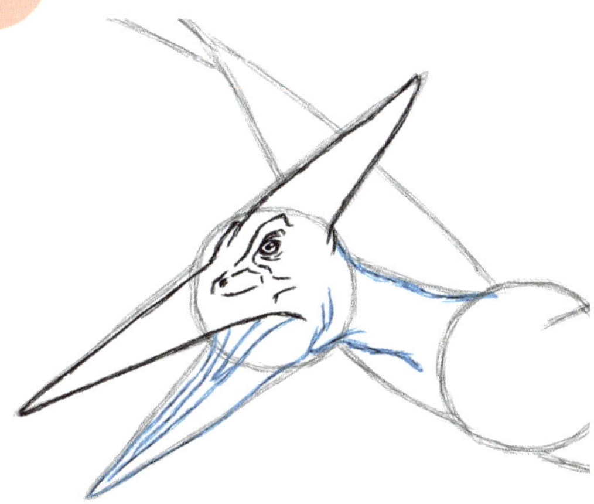

Zeichne den Unterschnabel und ergänze die Zunge im Inneren. Achte auf die Perspektive. Gestalte den Hals mit geschwungenen Linien, orientiere dich dabei an den Hilfslinien.

8

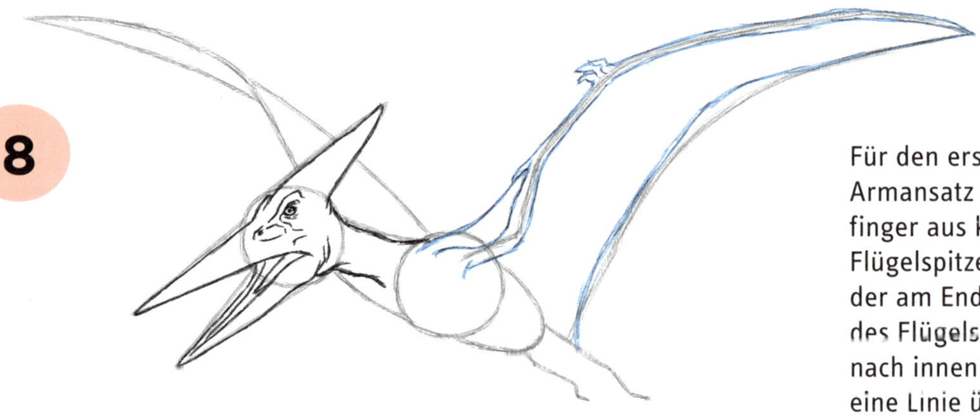

Für den ersten Flügel ziehe zunächst den Armansatz dick nach. Zeichne die Krallenfinger aus kleinen, gebogenen Linien. Die Flügelspitze ist eigentlich der vierte Finger, der am Ende spitz zuläuft. Die Unterseite des Flügels ist eine Linie, die sich leicht nach innen wölbt. Ergänze zum Schluss eine Linie über der Schulter.

9

Zeichne den zweiten Flügel mitsamt der kleinen Krallenfinger und dem langen vierten Finger sowie den Linien für die gespannte Flughaut.

10

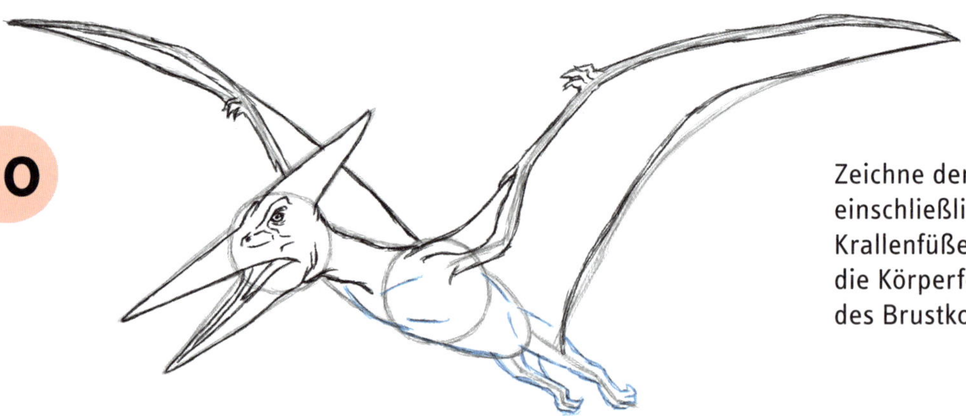

Zeichne den Rest des Körpers, einschließlich der Beine und der Krallenfüße. Setze einige Linien in die Körperform, um die Struktur des Brustkorbs zu betonen.

11

Radiere möglichst alle Hilfslinien aus und zeichne die endgültigen Linien nach, die du versehentlich ausradiert hast.

12

Schraffiere das Pteranodon, damit es dreidimensionaler erscheint. Genau wie bei Dinosauriern weiß niemand sicher, wie das Pteranodon aussah, also kannst du es beliebig gestalten. Für ein geflecktes Muster wie im Bild ergänzt du an bestimmten Stellen Dunkelgrau. Soll die Zeichnung etwas einfacher werden, dann gestalte den Körper in einem Grauton. Es macht nichts, wenn die Schraffur nicht ganz ebenmäßig ist. Die groben Schraffuren geben der Haut mehr Struktur.

WISSENSCHAFTLICHE ERKENNTNISSE Bei ausgestorbenen Tieren hat die Wissenschaft oft eine ungefähre Vorstellung von ihrem Aussehen, basierend auf Hinweisen, die in den versteinerten Überresten gefunden wurden. Einige Fossilien sind vollständig erhalten, sodass wir nicht nur die Skelette, sondern auch Haut, Muskeln und Organe erkennen können. Da die Wissenschaft immer neue Entdeckungen macht, erfahren wir manchmal, dass ein Tier anders aussah als gedacht! Während wir uns einen bestimmten Dinosaurier mit grüner, schuppiger Haut vorstellen, hatte er in Wirklichkeit Federn, Muster oder leuchtende Farben. Deshalb macht das Zeichnen von Dinosauriern und anderen ausgestorbenen Tieren so viel Spaß, denn du kannst dir frei überlegen, wie sie wohl aussahen.

STEGOSAURUS

1

Zeichne drei Kreise als Hilfslinien für den Kopf und den Körper. Der Kopfkreis sollte klein sein – der Stegosaurus hatte eines der kleinsten Gehirne aller Dinosaurier!

2

Verbinde die Kopf- und Körperformen und ergänze einen Bogen für die Schnauze und einen Schwanz aus zwei spitz zusammenlaufenden Linien.

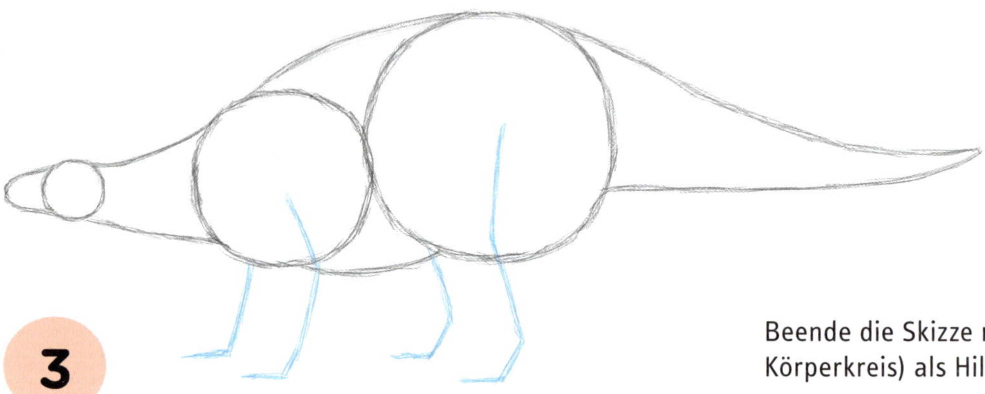

3

Beende die Skizze mit vier Linien (zwei unter jedem Körperkreis) als Hilfslinien für die Beine.

4

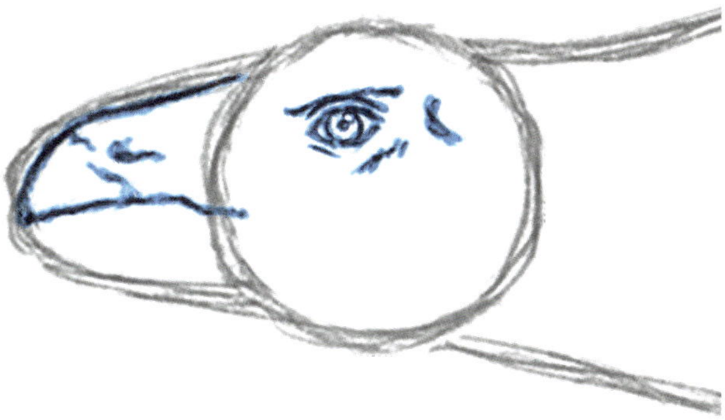

Zeichne das Auge. Ergänze für zusätzliche Details einige Linien rund um das Auge. Dann zeichne den oberen Teil des Mauls, einschließlich des Nasenlochs. Vorne läuft das schnabelartige Maul spitz zu.

5

Ergänze für den fertigen Kopf den Unterkiefer, die Oberseite des Kopfes und einige Linien auf dem Kopf für Details.

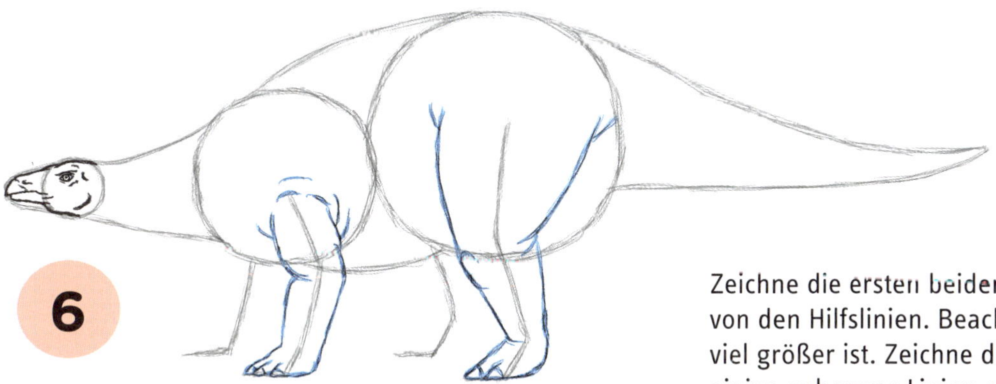

6

Zeichne die ersten beiden Beine links und rechts von den Hilfslinien. Beachte, dass das Hinterbein viel größer ist. Zeichne die sichtbaren Zehen und einige gebogene Linien oben an den Beinen, um Hautfalten darzustellen.

Ergänze anhand der anderen Hilfslinien die sichtbaren Teile der übrigen Beine.

7

8

Zeichne die erste Reihe Knochenplatten des Stegosaurus. Jede Platte ist wie ein Fünfeck geformt. Die Platte direkt über dem Hinterbein ist am größten. Zum Kopf und Schwanz hin werden die Platten kleiner. Füge zwei Verteidigungsstacheln am Ende des Schwanzes hinzu.

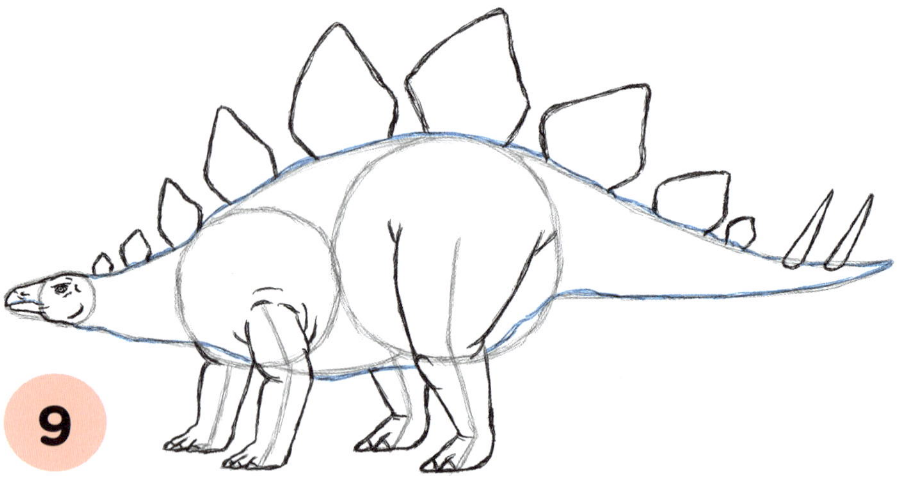

9

Bevor du die Stacheln fertigstellst, zeichne den Rest des Körpers mit einer ungleichmäßig gewellten Linie, das sieht natürlicher aus.

10

Die zweite Reihe Knochenplatten zeichnest du genauso groß wie die erste, allerdings nur die sichtbaren Teile. Insgesamt sollten es siebzehn Platten sein. Ergänze auch die anderen zwei Schwanzstacheln, die schmal, lang und leicht gebogen sind.

Radiere die Hilfslinien aus und zeichne falls nötig einige Linien neu.

Schraffiere den Dinosaurier und setze einen Schlagschatten unter den Körper. Die Schraffuren auf und unter dem Dinosaurier geben ihm ein dreidimensionales Aussehen. Muster und Struktur kannst du selbst wählen! Wenn du dich an dieser Zeichnung orientierst, dann ergänze nun die Streifen auf dem Rücken und kritzlige Linien auf dem gesamten Körper für eine raue, schuppige Haut.

TRICERATOPS

1

Zeichne drei zarte Kreise auf das Papier. Beachte ihre Größe und Position.

2

Zeichne einen Bogen rechts vom Kopf für die Schnauze und eine breite gebogene Linie auf den Kopf für das Nackenschild. Ergänze vier abgewinkelte Linien (zwei unter jedem Körperkreis) für die Beine.

3

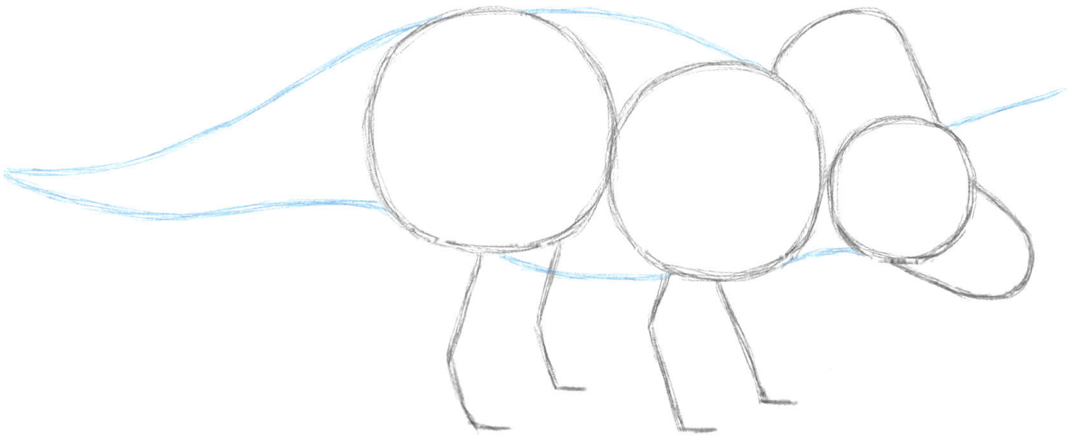

Zeichne eine Linie für die Hörner. Verbinde die Hauptformen für den Körper und füge zwei Linien ein, die für den Schwanz links spitz zusammenlaufen.

4

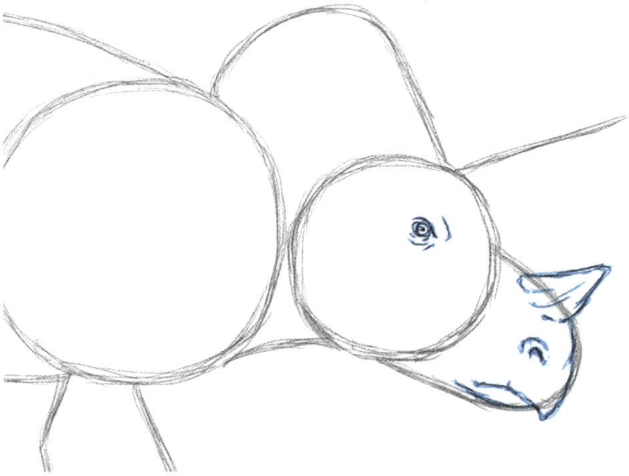

Zeichne das kleine Auge. Wenn du die Hilfslinien vorher groß genug gezeichnet hast, füge weitere Details hinzu, wie die dunkle Pupille mit einem kleinen Kreis als Glanzpunkt und einige Linien rund um das Auge. Ergänze das dreieckige Horn, den schnabelartigen Mund, das Kinn und das Nasenloch.

5

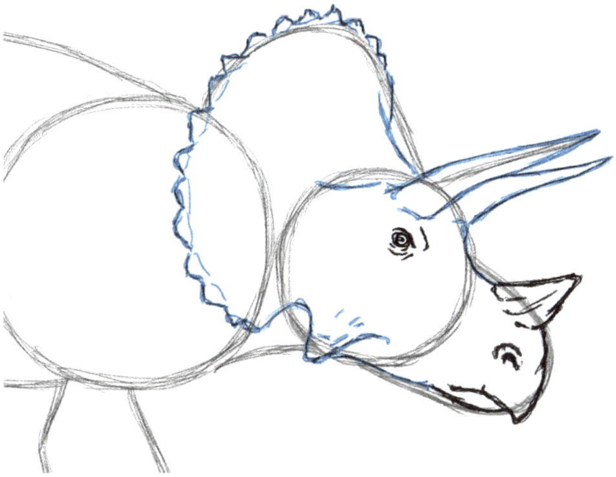

Setze zwei lange Hörner über das Auge. Krümme sie ein wenig, damit sie natürlich wirken. Zeichne nun anhand des Bogens auf dem Kopf das Nackenschild mit kleinen Dreiecken entlang der Hilfslinie. Erweitere das Nackenschild nach unten und zeichne links eine hornartige Wölbung.

6

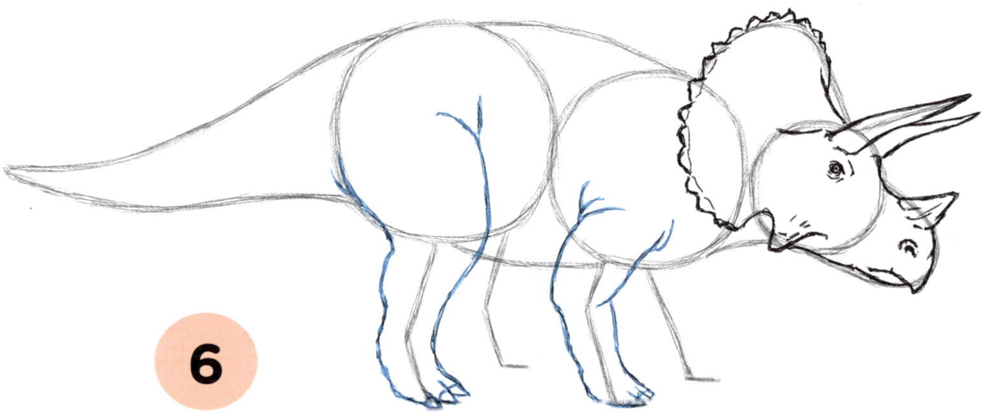

Zeichne mithilfe der Linien unter dem Körper die ersten beiden Beine. Beachte die Größe des Hinterbeins im Vergleich zum Vorderbein und denke auch daran, die Gelenke abzuwinkeln. Zeichne leicht gebogene Linien an das obere Ende der Gliedmaßen, um Hautfalten anzudeuten. Ergänze die Zehen.

7

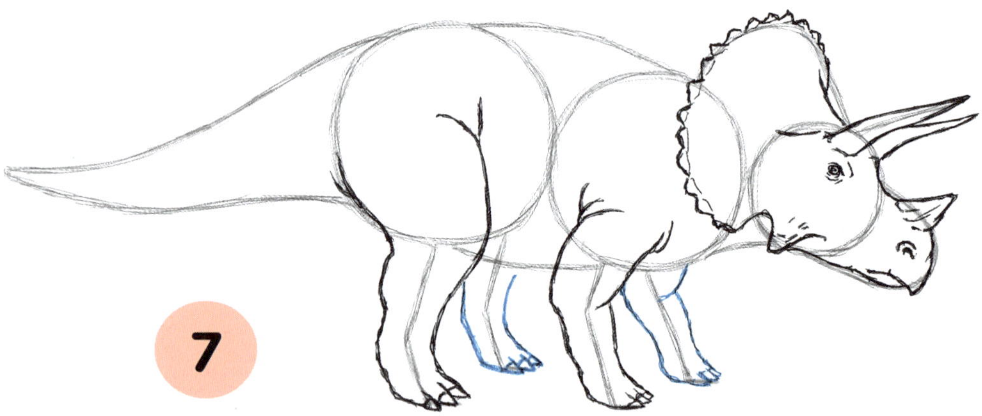

Zeichne nun die Beine auf der anderen Körperseite. Vergiss die Zehen nicht!

8

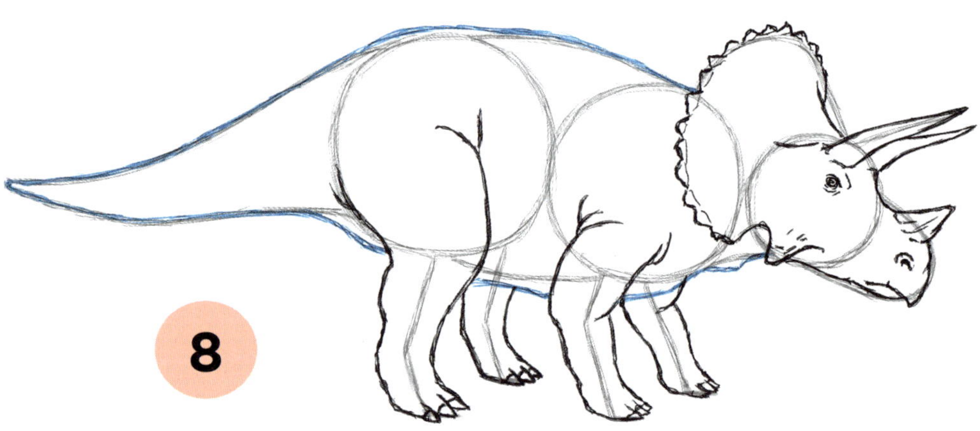

Vervollständige den Körper. Die Kontur darf ruhig etwas uneben sein, wenn du die Hilfslinien dafür dunkel nachziehst.

9

Radiere möglichst viele Hilfslinien aus, damit die Skizze klarer wirkt. Zeichne alle endgültigen Linien neu, die du dabei ausradiert hast.

SCHLAGSCHATTEN Wenn der Dinosaurier in deiner Zeichnung nicht fliegt oder schwimmt, setze einen Schatten unter seinen Körper. Dann steht das Tier auf dem Boden und schwebt nicht in der Luft. Zeichne die Mitte des Schattens in einem dunkleren Grau und die Ränder in einem hellen Grau.

10

Lege die Richtung des Lichteinfalls fest und schraffiere den Körper sowie den Bereich hinter dem Nackenschild, unten am Körper und auf dem Boden. Füge das Streifenmuster und die Hautstruktur hinzu. Damit der Triceratops so aussieht wie auf dem Bild, arbeite zunächst in einem kompakten Grau. Zeichne dann überall beliebige kritzlige Linien ein, die Flecken ähneln.

SPINOSAURUS

1

Beginne mit drei Kreisen.

2

Zeichne zwei dreieckige Bogen rechts vom Kopf als Hilfslinien für das geöffnete Maul. Verbinde die großen Formen zu einem Körper und zeichne den Schwanz mit zwei langen, geschwungenen Linien, die links spitz zusammenlaufen.

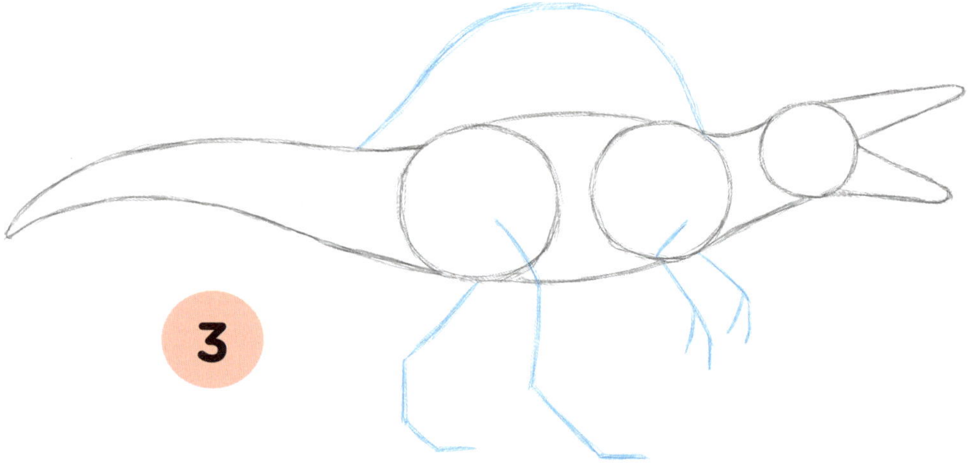

3

Zeichne Hilfslinien für die Arme und Beine und winkle für die Gelenke die Linien ab. Setze dann einen großen Bogen auf den Körper – das wird das charakteristische Segel des Dinosauriers.

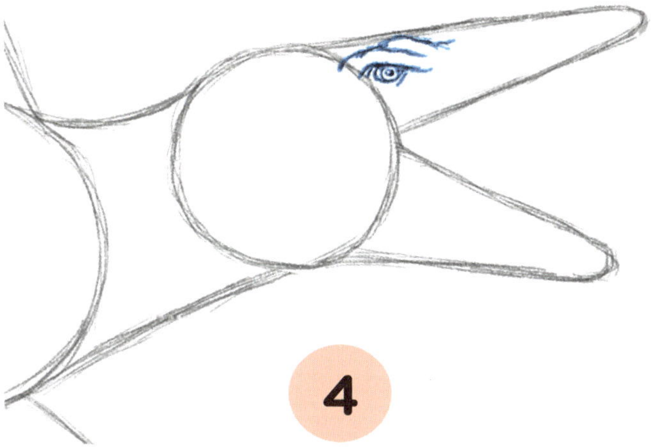

4

Zeichne das Auge und darüber einen Bogen für die Augenbraue und rechts davon einen zweiten Bogen für die andere Braue.

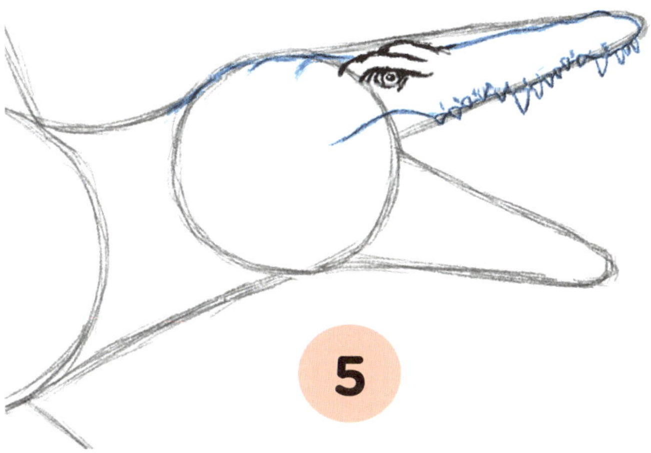

5

Zeichne vom zweiten Bogen ausgehend den Oberkiefer. Die Linie läuft unten bis in den Kopfkreis. Arbeite sie etwas uneben aus. Der Spinosaurus ernährte sich überwiegend von Fisch und hatte einen Krokodilschädel. Zeichne deshalb unterschiedlich große Zähne mit etwas Abstand. Gestalte den Hinterkopf.

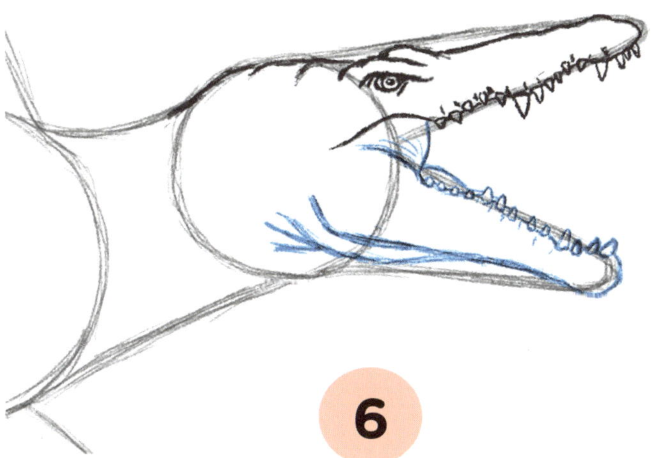

6

Füge den Unterkiefer und die Zähne hinzu. Zeichne Linien für die Zunge und das Gewebe, das die Kiefer verbindet.

7

Zeichne auf den breiten Bogen oben die gezackte Kante des Segels. Gib dem Segel durch zarte Linien mehr Struktur. Füge das erste Bein und den ersten Arm hinzu. Gebogene Linien deuten die Muskeln in den Gliedmaßen an. Zeichne zum Schluss die Zehen und Krallen.

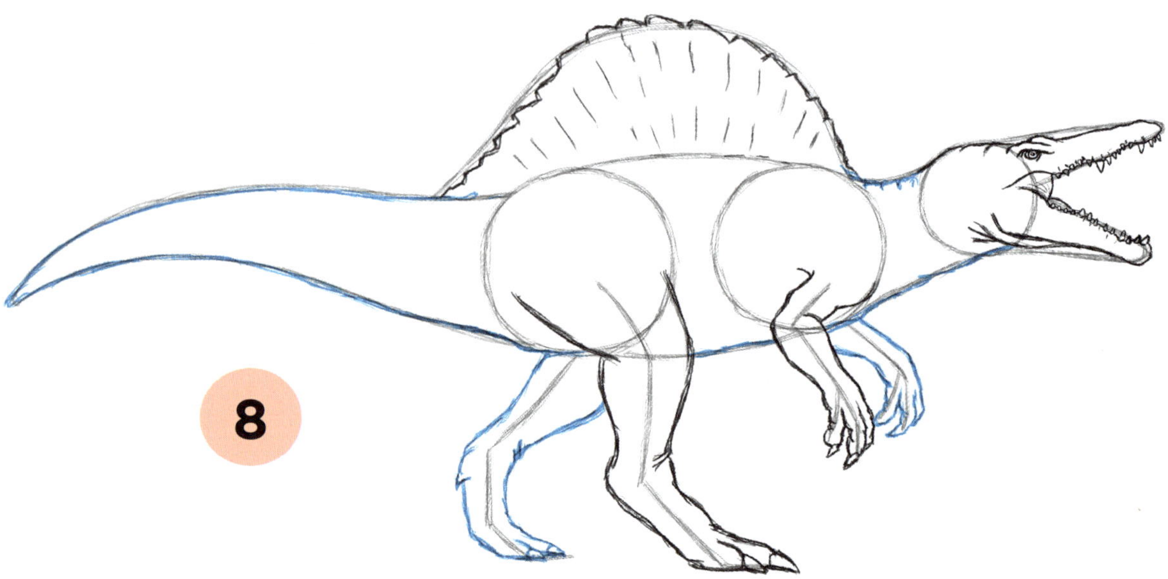

8

Zeichne anhand der übrigen Hilfslinien den Körper und den Schwanz des Dinosauriers. Ergänze den Arm und das Bein auf der anderen Körperseite. Vergiss auch dort die Zehen und Krallen nicht.

9

Deine Vorzeichnung ist nun fertig. Du kannst überflüssige Linien ausradieren und mit dem Schraffieren weitermachen.

10

Noch eindrucksvoller wird der Spinosaurus durch Schraffuren. Setze einen Schlagschatten unter den Körper, damit er nicht in der Luft schwebt. Da niemand genau weiß, wie dieser Dinosaurier aussah, kannst du Streifen oder Flecken, oder was immer du möchtest, hinzufügen. Benutze nur einen Bleistift in einem mittleren Härtegrad für eine gleichmäßige Körperstruktur, oder arbeite mit unterschiedlichen Grautönen für einen stärkeren Kontrast. Zeichne zusätzliche Punkte und zufällige kritzlige Linien, damit die Haut so grob und rau wie die eines Krokodils aussieht.

VELOCIRAPTOR

Skizziere zunächst drei Kreise.

1

Zeichne rechts am Kopf einen Bogen als Hilfslinie für den oberen Teil des Mauls. Verbinde mit leicht gebogenen Linien die Kreise von Kopf und Körper.

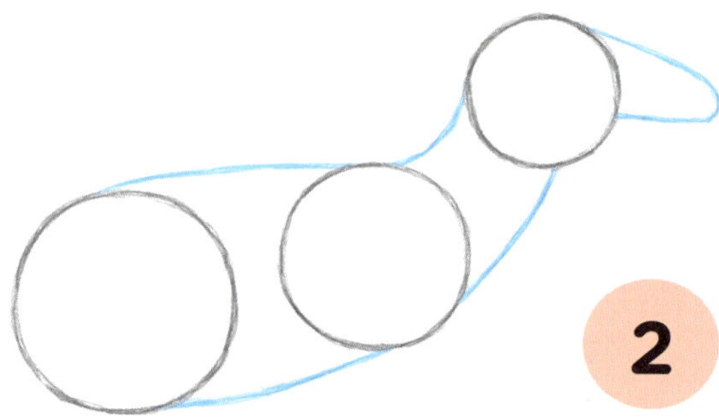

2

Ergänze am Kopf einen weiteren Bogen für den Unterkiefer. Zeichne abgewinkelte Linien für die Hinterbeine und unter den mittleren Kreis eine kürzere gebogene Linie für den Flügel mit einer zweiten kurzen Linie für einen Finger. Füge eine lange Linie für den Schwanz hinzu, die nach oben verläuft.

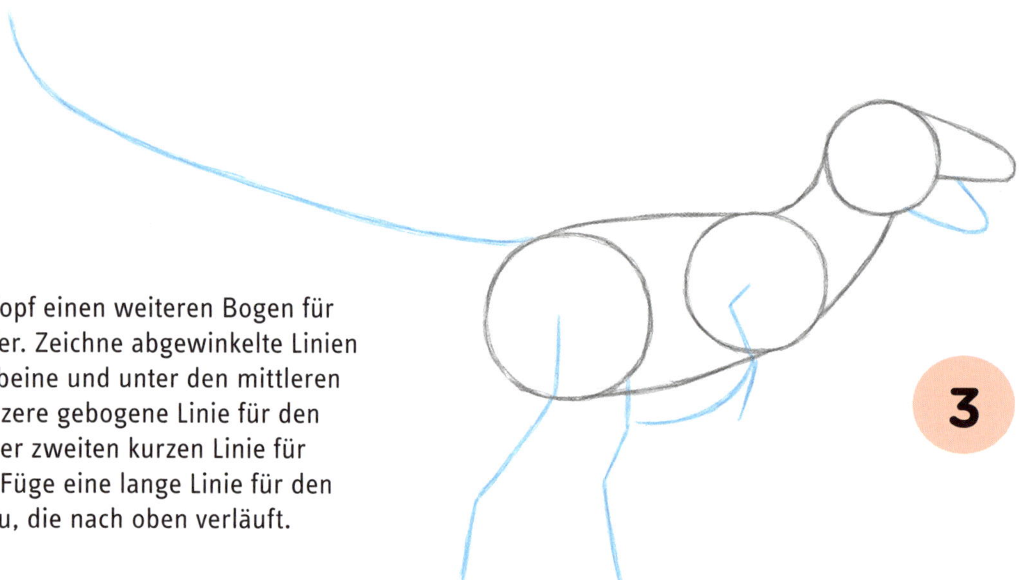

3

4

Zeichne das Auge und füge für weitere Details einige schnelle, kurze Striche rund um das Auge und über der Braue hinzu. Dann gestalte den oberen Teil des geöffneten Mundes mit einer Zahnreihe. Füge das Nasenloch hinzu.

5

Zeichne den Unterkiefer mit der Zunge und kleinen Zähnen.

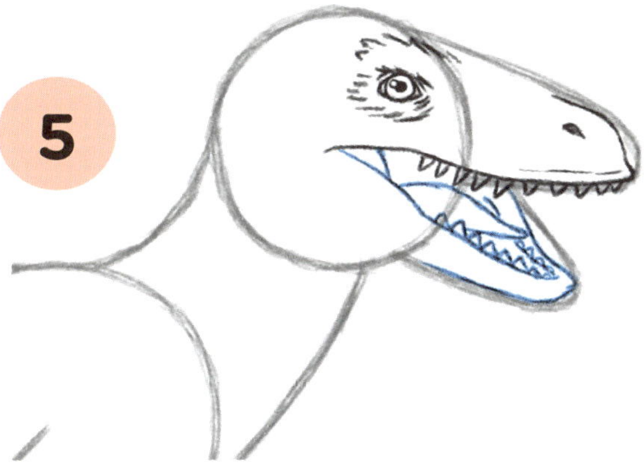

6

Vervollständige den Kopf und das Gesicht mit kurzen Strichen, um Federn anzudeuten.

7

Zeichne den Flügel mit feinen, gebogenen Linien für die Federn. Gestalte den Finger anhand der kurzen Hilfslinie und vergiss die scharfe, gebogene Spitze für die Kralle nicht.

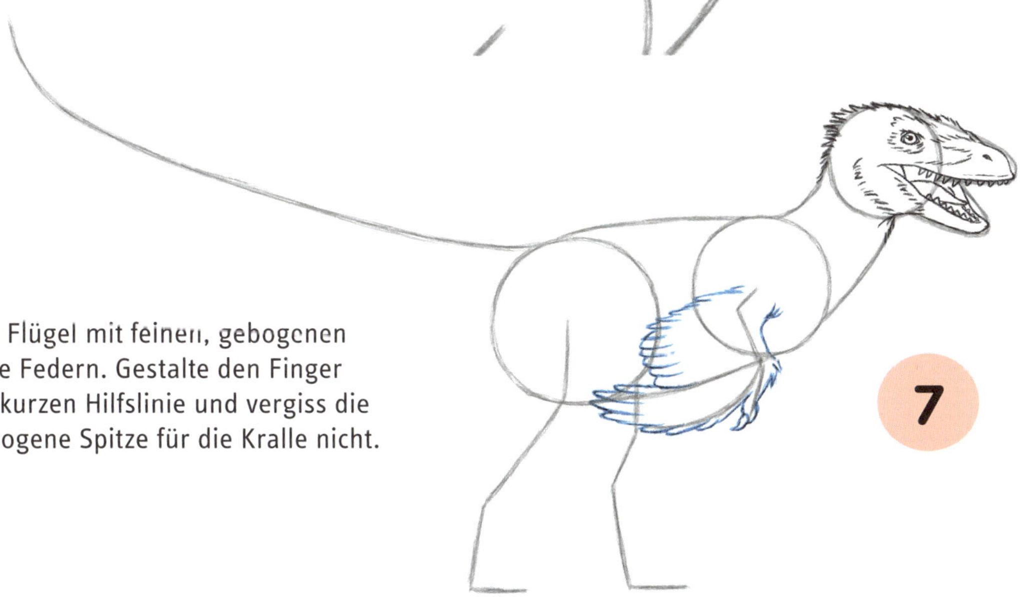

Das Bein ist oben breit und unten schmal. Nutze oben kurze Striche für eine Federstruktur und glatte Linien für die federlose untere Hälfte (wie bei heutigen Greifvögeln). Zeichne die Zehen mit den spitzen Krallen, darunter die typische Sichelkralle am zweiten Zeh.

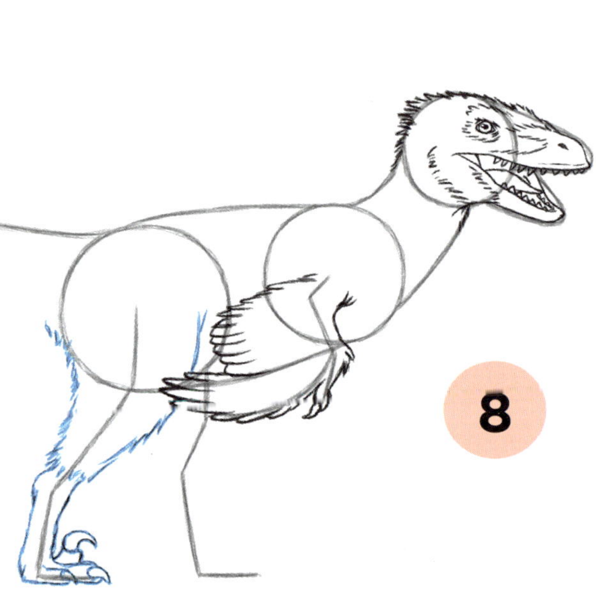

8

Zeichne das andere Bein in gleicher Weise und füge den sichtbaren Teil des zweiten Flügels hinzu. Zeichne auch den Finger mit Kralle. Ergänze auf dem ersten Flügel gebogene Linien als Federschichten.

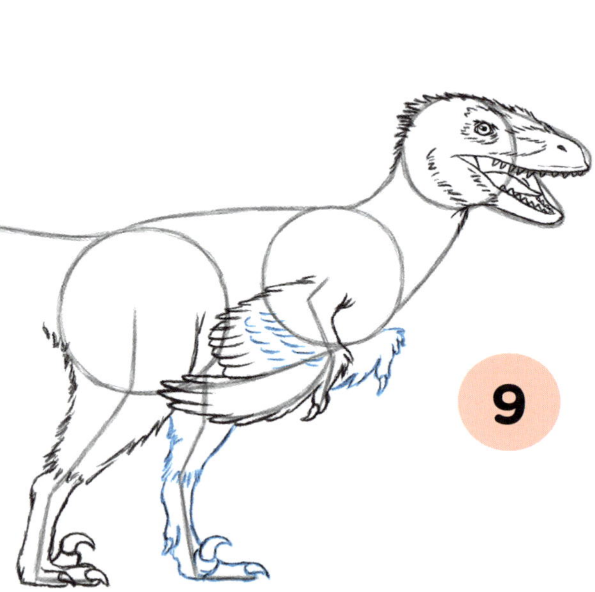

9

Ziehe die äußeren Ränder der Hilfslinien für den Körper dunkel nach. Zeichne unterhalb der Schwanzhilfslinie feine spitze Formen, um lange Federn anzudeuten. Ändere dabei schrittweise die Richtung der Federn, sodass sie zunehmend schräger liegen und nach unten hin kürzer werden.

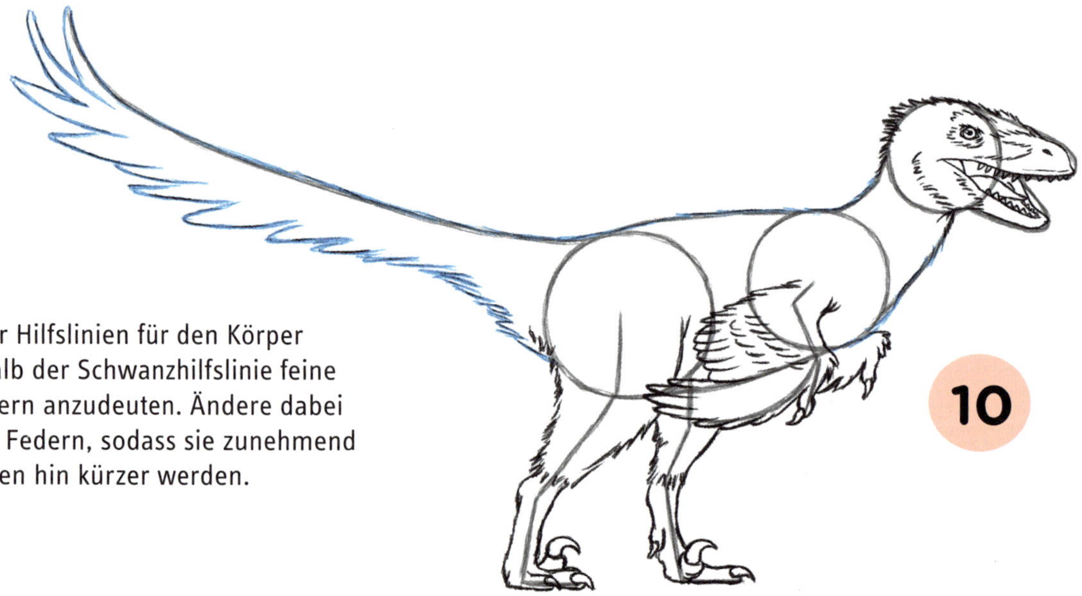

10

Radiere unnötige Hilfslinien aus, und schon ist deine schöne Skizze fertig! Nun kannst du sie noch schraffieren.

11

12

Schraffiere deinen Velociraptor. Zeichne ein gesprenkeltes Muster, indem du dunkle und helle Partien abwechselst. Nutze einen mittleren Grauton für die Beine und die Unterseite des Körpers. Du kannst zum Schraffieren heutige Raubvögel als Vorlage nehmen. Die Krallen werden dunkelgrau, aber lass je eine weiße Glanzfläche. Vergiss den Schlagschatten auf dem Boden nicht.

AUGEN Viele Dinosaurier hatten im Vergleich zu ihren Körpern kleine Köpfe, sodass die Augen in deinen Zeichnungen möglicherweise zu klein sind, um viele Details hinzuzufügen. Sind die Augen groß genug für Details, dann achte auf die winzigen Kreise für den Glanz. Zeichne die Pupille als einen größeren Kreis in die Augenmitte und schraffiere ihn dunkelgrau. Übermale beim weiteren Schraffieren nicht die Glanzpunkte. Beginne oben mit Dunkelgrau und werde nach unten hin heller, damit das Auge runder wirkt.

TYRANNOSAURUS REX

1

Beginne mit Grundformen für den Kopf und den Körper. Der T. Rex wird im Dreiviertelprofil gezeichnet, sodass die Hilfslinien ein wenig komplizierter sind.

2

Füge weitere Formen hinzu, die dir später das Zeichnen der großen Hinterbeine erleichtern.

3

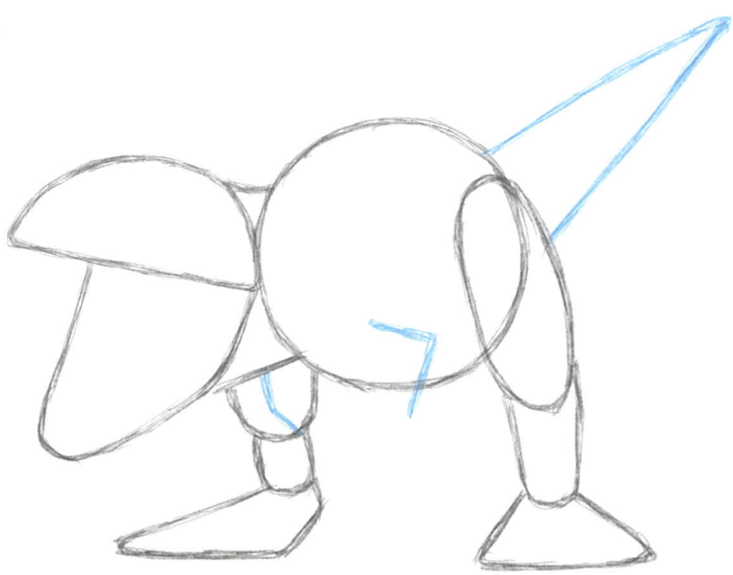

Als letzte Hilfslinien zeichne zwei abgewinkelten Linien für die kleinen Arme und eine große Dreiecksform für den Schwanz. Bevor du weiterarbeitest, schau dir alle Hilfslinien noch einmal an und ändere sie, falls nötig.

4

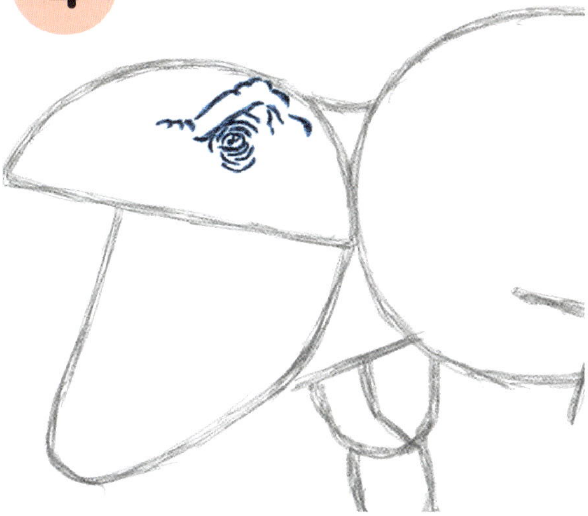

Zeichne nun das erste Auge und den Brauenbogen. Die Braue und die Linien rund um das Auge sind uneben.

5

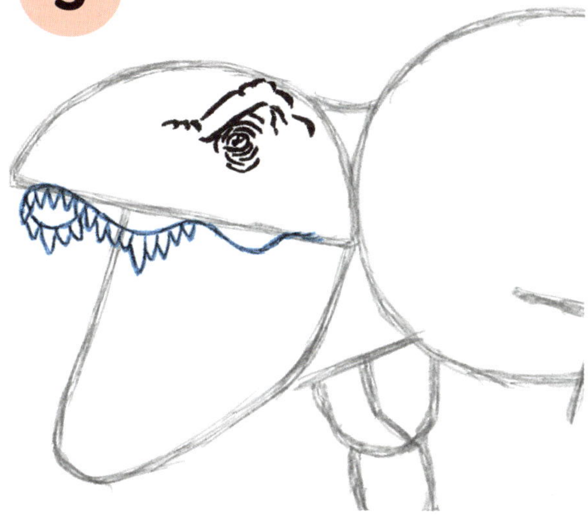

Der obere Teil des Mauls entsteht aus einer Wellenlinie unter dem Halbkreis. Füge eine Reihe von “V”s als Zähne hinzu. Zeichne für die andere Maulseite links eine geschwungene Linie und setze auch dort Zähne an.

6

Zeichne den Unterkiefer und die Zähne an der Vorderseite.

7

Füge die Zunge hinzu sowie eine gebogene Linie für die Haut, die die beiden Kiefer verbindet. Vervollständige den Kopf mit unebenen Linien. Zeichne gewellte Linien rund um das Auge und ein kleines Oval für das Nasenloch.

8

Zeichne den Hals und füge noch einige Linien für Details wie die Adern hinzu. Gestalte dann die kleinen Arme aus gebogenen Linien, um die Muskelstruktur anzudeuten. Arbeite die nach hinten zeigenden Finger mit ihren spitzen Krallen aus.

9

Ziehe die äußeren Ränder der Beinformen für mehr Struktur mit unebenen Linien dunkel nach. Füge zusätzliche Details am Bein hinzu. Zeichne für die Füße kurze, gebogene Linien, um einzelne Zehen anzudeuten, und setze eine spitze Kralle an jede Zehe.

10

Arbeite den Körper mit unebenen Linien aus und achte darauf, dass sie nicht über das Bein oder den Arm rechts laufen. Gestalte den Schwanz anhand der Hilfslinien, doch mit geschwungenen Linien.

11

Radiere die Hilfslinien aus, damit die Zeichnung klarer wirkt. Du kannst nun mit dem Schraffieren beginnen oder mit dieser tollen Skizze enden.

12

Schraffiere den Tyrannosaurus Rex, damit er noch eindrucksvoller wirkt. Vergiss dabei nicht den Schlagschatten am Boden. Für eine raue Schuppenstruktur zeichne kleine kritzlige Linien auf den ganzen Körper. Die Halsvenen werden für mehr Kontrast heller dargestellt, ebenso wie der Glanz der Krallen. Beginne mit feinen hellen Bleistiftstrichen und werde dann allmählich dunkler. Einige Bereiche wie über dem Auge, das Nasenloch, das Innere des Mauls und die Krallen sind sehr dunkel, während die Zähne, der Augapfel und die Lippen sehr hell sind.

ÜBER DEN AUTOR

How2DrawAnimals zeigt anhand von Videotutorials und einfachen Schritt-für-Schritt-Anleitungen, wie man Tiere aller Art zeichnen kann. 2012 wurde *How2DrawAnimals* von einem tierbegeisterten Künstler mit einem Bachelorabschluss in Illustration ins Leben gerufen. Jede Woche gibt es ein neues Tutorial, sodass mittlerweile Hunderte von Anleitungen zum Zeichnen von Tieren verfügbar sind. *How2DrawAnimals* arbeitet mit Bleistift und Buntstiften, sowohl im realistischen als auch im Comic-Stil, und hat Tiere zu allen Buchstaben des Alphabets gezeichnet, vom Aal bis zum Zebra.
Weitere Infos findest du auf *How2DrawAnimals.com*.

Die KUNST des Zeichnens FÜR KINDER

Weitere Bücher aus der Reihe

Tiere
Zeichenschule ISBN 978-3-7358-9006-1
Übungsbuch ISBN 978-3-7358-9007-8
Starter-Block ISBN 978-3-7724-4456-2

Zeichentechniken
Zeichenschule ISBN 978-3-7358-9131-0
Übungsbuch ISBN 978-3-7358-9132-7

Inspiration
365 Zeichenideen ISBN 978-3-7724-4399-2
Zeichne es fertig! ISBN 978-3-7358-9056-6